中青年经济学家文库

地方高等教育内涵式发展与城市体系职能结构良性互动研究

付德申　张晓君　程　皓　著

经济科学出版社

图书在版编目（CIP）数据

地方高等教育内涵式发展与城市体系职能结构良性互动研究/付德申，张晓君，程皓著．—北京：经济科学出版社，2015．4
（中青年经济学家文库）
ISBN 978－7－5141－5706－2

Ⅰ．①地…　Ⅱ．①付…②张…③程…　Ⅲ．①地方教育－高等教育－教育研究－广西②地方经济－城市经济－经济发展－研究－广西　Ⅳ．①G649．286．7②F299．276．7

中国版本图书馆 CIP 数据核字（2015）第 085364 号

责任编辑：李晓杰
责任校对：刘　昕
版式设计：齐　杰
责任印制：李　鹏

地方高等教育内涵式发展与城市体系职能结构良性互动研究
付德申　张晓君　程　皓　著
经济科学出版社出版、发行　新华书店经销
社址：北京市海淀区阜成路甲 28 号　邮编：100142
总编部电话：010－88191217　发行部电话：010－88191522
网址：www．esp．com．cn
电子邮件：esp@esp．com．cn
天猫网店：经济科学出版社旗舰店
网址：http：//jjkxcbs．tmall．com
北京汉德鼎印刷有限公司印刷
三河市华玉装订厂装订
880×1230　32 开　6．75 印张　170000 字
2015 年 5 月第 1 版　2015 年 5 月第 1 次印刷
ISBN 978－7－5141－5706－2　定价：16．00 元
（图书出现印装问题，本社负责调换。电话：010－88191502）

前　　言

高等教育内涵式发展已经成为我国高等教育发展的必然选择，是当前教育改革的核心任务。学科建设和人才培养是高等教育内涵式发展的重要内容，也是连接高等学校和经济社会发展的重要纽带，推动地方高等教育内涵式发展，更好地服务地方经济社会发展已经成为地方高等教育和区域经济社会发展的重要选择。

城市体系是一定区域内，围绕中心城市，几个不同性质、规模和类型的城市由于政治、经济、文化等因素形成的相互联系、相互作用城市群体组织。城市体系并不是一成不变的，通过城市体系内部城市之间以及城市体系外部物质、能量和信息等的交换和流动，城市体系的空间、规模和职能结构也会发生变化。作为区域经济发展基本依托，城市体系是城市带动区域经济社会发展的有效组织形式。城市体系职能结构指的是各个城市在城市体系中承担的职能、构成及相互关系。研究地方高等教育与城市体系职能结构的关系离不开城市体系职能结构时间和空间上的经济地理关系。因此，需要在空间的地理维度上和结构演进的不同时间点上研究城市体系职能结构的发展。通过查阅大量的文献资料和实地考察，我们综合应用了教育学、经济地理学、城市规划学、城市地理学、社会学等相关学科的理论，通过空间计量法、对比法、回归分析法、图表法等方法，参考了相关的研究报告、统计资料和相关的政策法规，利用相关的数学模型对城市体系职能结构与高等教育内涵式发展进行探索。以广西城市体系为研究样本，通过对广西城市体系职能结构的演进和空间布局以及广西高等教育内涵式发展的现状、布局、结构和发展态势进行探索，研究广西城市体系职能结构与高等教育内涵式发展的互动机理，以广西城市体系职能结构为支撑，为广西高等教育内涵式发展在新形势下的下一步发展提供参考，并提出政策建议。这就构成了本书的主要内容：

第一部分，中国高等教育内涵式发展的研究。本部分主要叙述了中国高等教育内涵式发展的概念和内涵，高等教育发展的由来和演变过程，以及高等教育内涵式发展的内容和目标。

第二部分，城市体系职能结构的研究。本部分主要描述了城市体系中的职能结构、等级规模结构和地域空间结构，介绍了城市体系的研究动态和相关理论。

第三部分，广西区位、经济、社会发展特征与城市体系结构。本部分首先介绍了广西的区位、经济、社会发展特征。其次通过对广西城市体系首位度、四城市指数、十一城市指数和首位度比较分析广西的等级规模结构；从广西城市体系城市常住人口空间分布、GDP 空间分布、第二产业产值空间分布以及第三产业产值四个方面来分析广西城市体系地域空间结构；研究广西三次产业结构现状以及变化趋势，广西城市体系各城市 14 种职能部门的劳动力结构，分析广西城市体系各城市职能类型和职能强度。最后，得出广西城市体系发展的人才需求。

第四部分，广西普通高等教育内涵式发展现状研究。本部分主要研究了广西普通高等学校的高等学校学科建设与人才培养情况，以广西本科层次高等学校学科建设与人才培养情况为研究样本，研究广西本科层次高等学校分布状况、学科建设与人才培养情况，并对广西普通高等学校内涵发展状况进行评价。

第五部分，地方高等教育内涵式发展与城市体系职能结构良性互动。本部分主要研究了地方高等教育内涵式发展作用城市体系职能结构的作用机理，以及城市体系职能结构作用地方高等教育内涵发展的作用机理。以两者的相互作用机理分析广西区内高等教育内涵式发展与城市体系职能结构良性互动，通过研究最后得出广西区内高等教育内涵发展与城市体系职能结构良性互动水平的评价。

第六部分，加强广西区内地方高等教育内涵式发展与城市体系职能结构良性互动对策研究。本部分以广西城市体系职能结构演变与布局为基础，从高等教育发展所需的外部环境、必要资源、动力机制等方面提出广西高等教育内涵式发展与城市体系职能结构互动的思路和政策建议。

本书旨在通过我们的研究和探索，为广西高等教育发展进行科学定位，找准广西高等教育内涵式发展的方向，从而为自治区政府制定政策提供参考和依据。因为我们水平有限，本书一定存在许多不足之处，敬希读者批评。

付德申

2015 年 3 月 6 日

目　录

第1章

引　　言

1.1 研究背景及问题提出

1.1.1 研究背景

1999年，中国大学的发展开始进入快车道，高校的招生规模不断扩大。中国的高等教育规模连续超过了俄罗斯、印度和美国，全国各类高等教育在校学生数已经超过了3460万人。高等教育大众化水平显著提高，中国已经成为名副其实的高等教育大国，2013年中国高等教育的毛入学率已经达到34.5%[1]。招生规模不断扩大的弊端日渐突出，表现在大学生就业方面的就是“毕业即失业”的现象比比皆是，在很多情况下，一个应届毕业生的薪酬很有可能就比不上农民工，甚至不乏一些大学生和农民工“抢工作”，社会上也出现了诸如大学生“有学历，没能力”、“有文凭，没文化”的言论。

2014年，全国高校毕业生规模已经达到历史顶峰的727万人，2014年也被称为“最难就业的毕业季”。高等教育的快速扩容和大众化加速了中国从人力资源大国向人力资源强国的转变，中国人力资源的国际竞争力也不断增强，但是在教育环境、师资力量、学生就业和学校发展等方面也出现了一系列问题。诸多现象反映出来的正是当前高等教育过分注重外延发展的弊端，如何保证高校在现有招生规模甚至是招生规模有可能进一步扩大的情况下的教学质量成为国家和社会关注的焦点，高等教育内涵式发展的呼声越来越强烈。

2006 年 1 月 9 日，胡锦涛在科技大会上的讲话中指出，科技发展是经济社会发展的有力支撑，要进一步提高经济增长的科技进步贡献率和研发投入力度。到 2020 年，要将中国建设成为创新型国家，实现科技进步贡献率 60% 以上，全社会的研发投入占 GDP 2.5% 以上。高校作为培养中国科技人才的摇篮，是中国科技进步的源泉和动力，因此，如何调整大学发展模式，从注重大学外延式发展到逐步转移到注重高等教育内涵式发展是一个艰巨的课题，这不仅关乎高校的教学质量好坏，同时也关系到中国建设创新型国家目标的实现。在这样的背景下，党的十八大报告明确了新形势下高等教育的发展方向，进一步强调了高等教育内涵式发展，办好人民满意的教育的重要性。

高等教育内涵式发展是科学发展观在高等教育领域的具体体现，是中国从高等教育大国向高等教育强国转变的必由之路。但是，高等教育的内涵式发展不是凭空的，需要有载体和落脚点。从宏观的角度来看，城市体系职能结构是高等教育内涵式发展很好的载体。随着中国城镇化进程的快速推进，与之相伴的城市体系职能结构也在不断的发展和完善。一个城市的发展离不开人才，同样，城市体系职能结构的发展和完善也离不开人才。通过高等教育内涵式发展培养出的优秀人才，可以在城市体系职能结构发挥积极作用；同样，城市体系职能结构的不断发展和完善反过来也能够促进高等教育内涵式发展。高等教育内涵式发展与城市体系职能结构之间的良性互动是符合时代背景，顺应时代潮流的。

1.1.2 问题提出

高等教育内涵式发展注重大学内部的学科建设和人才培养，从外部来看，大学的内涵式发展是静态的，是自我调整、自我消化的过程，研究高等教育内涵式发展与城市体系职能结构的互动关系和高校如何通过高等教育内涵式发展输送出的人才有效地服务城市体系职能结构，成为本书研究的重点难点。同时，城市体系职能结构对高等教育内涵式发展的作用也是不容忽视的，城市体系职能结构如何对高等教育内涵式发展产生影响，是本书研究的另一个重点难点。如何构建一种高等教育内涵式发展与城市体系职能结构之间进行良性互动的发展模式，解决两者在互动过程中可能出现的问题，用怎样的方法来抑制、疏导、规避这些问题，是本书需要研究和解决的问题。

1.2 研究现状

1.2.1 高等教育内涵式发展研究现状

对于中国高等教育内涵式发展的研究，早在21世纪初就开始萌芽并进入到激烈的讨论中。本书在对相关的文献进行梳理的过程发现在对“高等教育内涵式发展”的研究中，按照时间顺序基本上可以分为以下几个阶段：

第一阶段：大学“内涵式发展”的萌芽时期（1985~1993年）

1977年，在“文化大革命”冲击下中断的高考制度得到了恢复。1978年，十一届三中全会强调了解放思想，搞好教育的重要性。1985年，在北京召开了改革开放以来的第一次全国教育工作会议，这也是教育领域的拨乱反正，中国高等教育迎来了恢复发展的新契机。1985年全教会形成了《中共中央关于教育体制改革的决定》，1993年中国又颁布了《中国教育改革和发展纲要》。在这段时间内，高等教育高速发展，“内涵式发展”和“外延式发展”开始大量被提及，这也逐渐成为中国高等教育改革的发展方向。但是，由于经历了“文革”，从某种程度来讲高等教育不进反退，教育投资体制、管理体制等都有大量的问题亟待解决。高等教育与社会经济体制改革的矛盾也直接导致了高等教育发展明显落后于社会经济的发展，高等教育规模小，人才培养与社会需求脱节、人才层次单一、专业设置重复等问题日趋明显。在这一时期，学者们的研究主要集中在如何提高高等教育的办学质量和办学效益，鉴于在这段时间内学校规模、师生比和生均成本是衡量学校高等教育水平的关键指标，大学“内涵式发展”就是要提高大学的规模效益，学校的师生比，同时对生均成本进行有效控制。

这一时期，也有许多学者提出中国的教育应该从“精英”向“大众化”发展，其中最具代表性的就是著名学者、高等教育学科倡建者和奠基人潘懋元教授。他曾多次撰文指出高等教育大众化是中国高等教育发展的必然选择。但是也有其他学者认为中国的高等教育有精英和大众两个发展方向，并且这两个发展方向是不完全一致的（谢作栩，2001）[2]，作为高等教育的两个体系，精英与大众是不可以互相替代的，两个体系并存才有可能实现中国高等教育的良性发展（费孝通，2004）[3]。这也在很大程度上反映出中国在恢复高等教育初期期望高等教育快速发展，取得跨越式的成绩，政府和教育界都迫切希望实现高等教育的大众化。但是与此同时也力图实现全面的、结构合理的高等教育大众化，这也成为提出大学“内涵式发展”的初衷。

第二阶段：大学“内涵式发展”的发展时期（1993~2005年）

经过一段时间的高等教育大众化发展，大学生的规模不断扩大，到了20世纪90年代后半期许多学校的现有校区已经无法容纳不断增加的学生。因此，绝大多数地方和高校事实上已经开始了大学的“外延式发展”，许多地方大搞大学城，分校、新校区等层出不穷，与此同时很多学校开始专科升本科、中专升高职，高等教育的发展重点已经转向了大学规模扩大，走向大众化。

但是，持续的大规模、超常规的扩招的同时也给地方财政和学校承受巨大的经济压力，大部分高校都出现了经费紧张、债台高筑的情况，教学质量开始下降，大学毕业生人数激增与整体素质下降也直接导致了大学毕业生就业难。除此之外，许多学校在专业设置上贪大求全，收费高，教育不公等问题也不断对中国高等教育发展提出挑战。以上种种事实上已经开始表现出高等教育与大学“内涵式发展”的背离，也正是因为如此学界对于大学“内涵式发展”的呼声也越来越高。

这一时期，越来越多学者开始使用“内涵式发展”这一概念，基本上研究的重点是对于大学“内涵式发展”概念的探讨、大学“内涵式发展”必要性的探讨以及大学“内涵式发展”模式的探讨。有学者首先对大学“内涵式发展”的概念进行了梳理，比较典型的就是厦门大学王洪才教授研究了大学“内涵式发展”的历程之后，指出 20 世纪 80 年代所提出的“内涵式发展”事实上指的是大学要通过内部挖掘的方式来进行扩张，在此基础上他区分了扩建新校区和增设新学校两种扩张方式；20 世纪 90 年代末，中国高等教育进入了大众化的快车道，在短时间内高等教育规模迅速扩张，在校大学生显著增加[4][5]，伴随着高校规模的急剧扩大，许多高校管理落后，严重无法适应日趋扩大的规模，校区管理面临严峻的挑战。为了改变这一状况，有一部分专家认为为了满足高等教育规模的需要必须改变发展的思路，从“内涵式”转向“外延式”，因此出现了一大批高职院校、民办高等院校、独立学院和应用型本科院校。这也成为高等教育质量下降的重要原因，高等教育质量再一次引起人们对于高等教育发展观的审视，重视高等教育的质量这一思想也很快成为当今教育发展的主流。经历了高等教育在数量和质量发展变迁，大学“内涵式发展”和“外延式发展”的内涵也发生了明显的变化。“内涵式发展”是一个阶段性的发展过程，必须经历规范化、个性化和核心化三个过程（朱怡青，2005）[6]，如今我们讲的大学内涵式发展主要指的是重视质量的建设，与“内涵式发展”有区别的是“外延式发展”，“外延式发展”追求的是数量的增长。

大学“内涵式发展”应该重视以质量为主导的发展模式得到了越来越多学者的认同。“内涵式发展”已经成为不同层次、不同性质学校的重要发展途径，不仅是研究型学校[7]、研究生教育[8]、高职高专学校[9]、薄弱学校[10]、民办高校[11]等高等教育的重要发展模式，而且对于中学、小学教育发展也有重要意义[12][13][14]。学者们对于“内涵式发展”这一概念的解读也越来越丰富，吕幼夫提出了他关于“内涵式发展”的思考，他认为良好的外环境和内环境、教师全面发展和学校教育教学评价体系的构建是内涵式发展的重要内容（吕幼夫，2005）[15]。在高等职业教育的内涵式发展上，建设特色专业（江国强，2000）[16]、深化课程改革[17]、是职业教育内涵式发展的必由之路之一；张凯认为创建一流大学，必须将其培养一流的人才和内涵建设统一起来，同时考虑到高校里教学、科研和服务社会这三个方面的关系，从目标、办学、人才、师资和思路等方面来综合构建起中国高校的内涵式发展（张凯，2005）[18]。

第三阶段：深化认识大学“内涵式发展”的时期（2006年至今）

这一阶段明显地表现出中国高等教育对于质量的重视，因此大量的研究也集中在高等教育质量管理和质量评估上，这也构成了研究大学“内涵式发展”的重要内容。布伦南和沙赫从质量管理的角度提出质量评估是高等教育质量管理的重要组成部分[19]。他们同时指出大学必须通过文化陶冶实现大学成长，通过制度重建和文化的更显实现从外在目标向内在目标重视的回归[20]。

梁宏通过对地方师范大学的研究认为，中国高校教育在经历过规模办学的阶段之后，必须考虑大学的办学质量，通过加快高校内部资源整合，机构改革，创新模式等方式来提高高等教育内涵式发展（梁宏，2007）[21]。易自力等认为在中国大学在规模和宏观改革取得一定成绩的情况下，高等教育内涵式发展问题成为新的焦点，提高人才培养的质量和水平，突破障碍限制是高等教育内涵式发展的方向（易自力等，2008）[22]。解根法等学者认为，高等教育内涵式发展的动力是内生的，必须由办学思想来引导，结合实际的办学环境和能力，从内部资源开始，通过有效整合，挖掘出新的引领大学发展的机制，通过这种高等教育内涵式发展，打破传统发展道路，加快大学发展（解根法等，2008）[23]。张政文从提高质量的方向探讨了地方综合性大学的内涵式发展，他认为在高等教育内涵式发展过程中，提高办学质量是发展的核心，经过对扩大对好的办学资源的整合，来提高高校的办学质量，进而实现大学的内涵式发展（张政文，2008）[24]。刘克勤对中国地方高等教育内涵式发展的导向因素进行了分析研究，他认为高等教育内涵式发展的导向因素主要是在高校排行上的位次、大学积淀下来的精神底蕴和大学教授们的精神引导等因素。认为必须从师生关系和精神内涵方面来引导大学的内涵式发展（刘克勤，2008）[25]。黄遵斌认为高等教育内涵式发展离不开大学文化，大学文化来自大学的文化底蕴、教育观念和师生素质等因素，大学要实现内涵式发展，首先得靠大学文化来凝聚人心，提高实力，完善制度。依靠一种良好的大学文化，是实现高等教育内涵式发展的重要环节（黄遵斌，2009）[26]。韩超英对中国高等教育内涵式发展进行分析时发现，大学生的校园文化和价值取向也是推动高等教育内涵式发展不可忽视的重要环节。大学生是大学的重要组成部分，要实现大学的内涵式发展，就必须关注大学生的文化需求和他们的价值取向，只有充分的了解、融入大学生，了解他们的文化需求和价值取向，同时进行满足和引导，将是为实现高等教育内涵式发展打下了良好的基础（韩超英，2009）[27]。孙江文认为高等教育内涵式发展中一个重要的组成部分和支撑点是科研文化建设，认为要实现高等教育内涵式发展，必须有好的科研文化作为基础，因此，在讨论高等教育内涵式发展的过程中，必须努力推进科研文化建设，提升大学软实力，促进高等教育内涵式发展的实现（孙江文，2010）[28]。周先雁在研究中发现，大学文化是影响高等教育内涵式发展的重要因素，一个和谐的大学文化甚至可以算得上是大学发展的基础和导向。他认为只有明确了和谐大学文化的精髓，才能够以此为根本，从物质、精神、制度、活动文化等方面推动高等教育内涵式发展（周先雁，2010）[29]。王华等学者把教育观念与高等教育内涵式发展结合在一起进行了研究，他们认为地方教学型大学必须以优质科学的教育观念为指导，协调规模、结构、质量和效果等多方面因素。通过改进和完善教育观念来推进地方教学型大学的内涵式发展（王华等，2009）[30]。汪治国（2011）[31]与熊芳（2011）[32]都对大学文化在高等教育内涵式发展中的作用进行了研究，他们都认为中国大学的发展方式正逐渐从倾向外延式发展逐步转移到倾向内涵式发展上来了。

因此，大学文化成为高等教育内涵式发展的焦点。一种良好的大学文化能够提高教育质量，加强人才培养，为实现高等教育内涵式发展提供动力。李建华在研究地方高等教育内涵式发展时指出，要实现地方大学的内涵式发展，必须将重心移到提高质量上来，地方大学占中国高校中的绝大多数，因此，地方大学的内涵式发展是中国高等教育内涵式发展的重要组成部分，之前经历规模发展的地方大学，为实现内涵式发展，更具有竞争力，就必须自觉追求以提高质量为目标的高校内涵式发展模式（李建华，2012）[33]。赵竹村认为高等教育内涵式发展要通过提高教育质量、整合学校资源和发挥自身竞争优势等途径来实现，而衡量一所高等教育内涵式发展程度，则主要是从其教学质量、科研水平和服务社会的能力来体现（赵竹村，2012）[34]。薛绯等研究了高等教育内涵式发展中的学科建设，她们认为高等教育内涵式发展离不开学科建设，对学科结构、组织、队伍、发展方向的调整都是学科建设的重要组成部分，同时，也必须通过人才、基地、环境、制度等方面来对学科建设进行支持。好的学科建设，是高等教育内涵式发展的有力保障（薛绯等，2011）[35]。

在对高等教育内涵式发展的研究过程中，也有不少学者发现了高等教育内涵式发展过程中遇到的问题，并通过他们的研究给出了相应的解决方法。周玲在对研究型大学的内涵式发展时发现，研究型大学的内涵式发展会与其组织文化发生冲突，这种冲突影响到了高等教育内涵式发展。因此，她提出本质主义与文化个性兼容，允许多元价值并存的解决方案，以此促进高等教育内涵式发展（周玲，2007）[36]。赵生吉等对高校内涵式发展的问题进行了研究，认为高校财务压力大，办学条件滞后，并校后的负面作用以及腐败浪费等因素影响了高校的内涵式发展。同时提出了加大财政投入，提高质量建设，借鉴国外经验和加大内外部监管等方式来促进高等教育内涵式发展（赵生吉等，2008）[37]。胡耀宗研究表明地方高等教育内涵式发展遇到的最大问题是资源约束，资源存在不足、错配、乱配等现象。将有限的资源进行合理有效的配置是解决该问题的关键，也是促使高等教育内涵式发展的有力保障（胡耀宗，2009）[38]。

1.2.2 城市体系职能结构研究现状

2000年以来，大量学者对城市体系职能结构做了深入研究。薛东前等学者从省会城市入手，分析了省会城市职能结构存在的弊端，同时指出了省会城市职能结构建设和合理调配的思路（薛东前等，2000）[39]。陈忠暖等学者通过经济学和统计学方法，对中国西部九省市区城市进行了职能分类，在中国西部地区的主要城市职能结构与西部地区城市间形成了一个比照体系，将城市职能分类的三要素集于一处，对西部地区分类进行了尝试（陈忠暖等，2002）[40]。徐晓霞在研究河南省城市职能结构时，利用河南省城市的行业区位商和产业结构对其城市体系的职能类型进行了分类，并通过比对发现各城市体系职能结构存在的问题并提出了相应对策

(徐晓霞，2003)[41]。田光进等通过对中国城市职能结构的特征进行研究后发现，不同城市规模、不同地域间城市职能存在着一定的差异。通过研究发现城市工业职能与就业呈正相关，城市规模与建筑业呈负相关，与科教文卫等服务业呈正相关。同时指出，中国城市职能结构在空间上表现为东部偏重工业职能，西部偏重行政科教等服务业（田光进等，2004)[42]。徐正元对中国城市体系演变进行了研究，认为中国城市化不仅要追求速度，更应该追求质量和效率。他从规模、职能和空间结构对城市体系进行了深入剖析，对中国城市体系形成的历史演变做了一次很好的梳理（徐正元，2004)[43]。郭文炯等学者以太原市为例阐述了对城市体系职能进行研究时所采用的一些基本的思路和方法，首先将城市体系职能的结构和空间属性相结合，依次从职能的层次、规模和强度进行界定，以确定城市在不一样的空间范围内的职能结构如何。同时利用了区位商等方法来对城市体系职能进行研究，为全面认识城市体系职能提供了新的视角（郭文炯。2004)[44]。

关于城市职能的分类张茜凤利用纳尔逊分类方法和城市经济基础研究方法对城市职能进行了分析，认为对城市职能分类和对城市职能结构进行分析是对城市性质的确认和完善城市职能结构的前提和基础，利用描述、统计、城市经济基础研究等方法能够有效对城市体系的职能结构进行分类（张茜凤，2006)[45]。张锦宗等学者在讨论山东省城市职能时，对山东省 17 个城市分成了三类，并对各城市的一般、优势、显著职能做了详细分析，发现问题同时提出对策（张锦宗等，2006)[46]。季小妹等通过运用比较分析、多变量聚类和 Nelson 统计分析等方法动态研究中部地区城市职能结构的研究，得出第二产业和第三产业内部行业的职能位次变动，城市规模不同对应的城市职能结构变动程度也不同，城市整体职能类型变动明显（季小妹等，2006)[47]。

我国城市职能的特点也成为学者关注的问题，王士君等学者通过从中国东北地区城市地理框架的研究入手，发现中国东北地区城市规模呈“弱金字塔”型，空间结构为“T”型，城市职能结构由“单一”向“新型”发展（王士君等，2006）[48]。边美婷等对徐州都市圈城市体系的结构进行分析时，利用了GIS技术，同时从规模、空间、职能三个结构方向对徐州都市圈进行了分析，结果表明徐州都市圈规模等级明显，空间结构呈“双核结构”，职能结构单一。她们在研究城市体系职能结构方面给出了新的研究方法，并对空间结构做了有效测度（边美婷等，2008）[49]。毛蒋兴等利用回归、因子、聚类等多元统计方法，对广西14个城市的城市职能分成了五个大类和两个亚类。通过对不同城市在统计分析中的综合得分，将广西各城市进行了不同的城市体系职能结构大类（毛蒋兴等，2008）[50]。许峰将第五次普查的分县数据进行分析后得出中国城市职能结构的相关结论，认为中国在21世纪初依然处于工业化初级阶段，农业就业比重虚高，城市职能规模与各部门专业化程度存在三种关系等，发现了中国城市职能结构的新变化（许峰，2008）[51]。曾鹏等学者通过比较研究的方法，对中国十大城市群的职能结构进行了比较研究。发现第二产业尤其是制造业在十大城市群城市职能结构中占比依旧很大，各个城市群之间的突出和强势职能类型都各不一样，差异性很强（曾鹏等，2013）[52]。

城市体系职能结构又决定着城市等级规模结构和城市地域空间结构。在城市等级规模结构和城市地域空间结构方面，也有大量学者进行了研究。岳文泽等学者利用首位指数、不平衡指数和分位数对甘肃省城市体系的等级规模结构进行了分析，得出甘肃省首位度过大，城市规模结构出现断层等结论，并提出重点发展中小城市，完善交通设施，促进农村中小城镇发展等解决方法（岳文泽等，2004）[53]。邢海虹等学者利用分形理论研究了陕西省的城市体系等级规模分布，从各城市的分维值可以看出，陕西省的城市体系规模符合分形特征，人口分布不均，等级规模结构断层。必须加快城市交通和产业规划发展（邢海虹，2007）[54]。曾鹏等学者在对海峡西岸经济区城市体系研究中，从等级规模、职能和空间结构方面对海峡西岸经济区进行了剖析，发现并理论解决了海峡西岸经济区城市体系进一步发展所面临的问题（曾鹏等，2010）[55]。段汉明等学者通过研究西安城市地域空间结构，提出西安应该从内外两方面来提升自我的地域空间结构发展。同时提出“一核三副”的城市发展框架，为西安优化地域空间结构打开了思路（段汉明等，2002）[56]。邢海峰等学者通过对新兴城区的地域空间结构研究发现新兴城区是大城市空间扩展的主要力量地区，他们从城市的地域功能，空间布局和联系等多方面分析了新兴城区并做了预测及提出解决相应问题的方法（邢海峰等，2003）[57]。龙韬等利用大城市的地域空间结构的改变，分析了中国城市化和城市空间扩张，利用调查问卷的方法，对居民城市公共空间认知和利用做了相关研究（龙韬等，2008）[58]。李恕宏针对行政区划的调整所导致的城市地域空间结构变化进行了研究，针对经调整后的合肥—芜湖说和结构，提出了不同时期采用轴线、双核、“T”型和扇面模式进行规划。同时建议发挥双核优势，带动城市快速发展（李恕宏，2012）[59]。

从目前学者的研究来看，关于高等教育内涵式发展的研究和关于城市体系职能结构的研究都非常的多，针对不同学校类型、不同城市区域的研究也都比比皆是。但是，就目前所能找到的资料来看，将高等教育内涵式发展与城市体系职能结构相连接，作为一个整体来研究是不多的。因此，高等教育内涵式发展与城市体系职能结构的良性互动研究是一个全新的领域，不仅可以将教育学和地理学两个学科进行交叉研究，而且可以很好的解决目前存在的就业难、城市化等问题。通过此问题的研究，可以起到一箭多雕的效果。

1.2.3 高等教育内涵式发展与城市体系职能研究

目前，关于大学和城市的研究主要集中在大学对于城市经济发展、文化建设、科技发展、文化传承、城市规划、城市功能等方面的作用。但是，关于高等教育内涵式发展与城市体系职能的研究目前仍然处于空白的状态。

1.3 研究目的及意义

1.3.1 研究目的

正是由于目前高等教育内涵式发展与城市体系职能的研究仍然处于研究空白，本书研究的目的就是要揭示高等教育内涵式发展与城市体系职能结构良性互动的机理，并以此指导完善高等教育内涵式发展和城市体系职能结构。具体的是通过分别研究学科建设、人才培养与城市等级规模结构、城市地域空间结构之间的作用关系，构建高等教育内涵式发展与城市体系职能结构互动机理的分析框架、研究假设和理论模型，探寻高等教育内涵式发展与城市体系职能结构良性互动发展的作用机理，以期找出高等教育内涵式发展与城市体系职能结构良性互动的最优决策，进而实现促进高等教育内涵式发展与城市体系职能结构良性互动的目的。

1.3.2 研究方法及研究思路

1.3.2.1 研究方法

地方高等教育内涵式发展与城市体系职能结构互动研究过程中需要运用多种研究方法来支撑，扩宽学科领域范围甚至连同边缘学科领域才能做到全面性和系统性地把握地方高等教育内涵式发展与城市体系职能结构互动发展的规律。一方面经过对广西城市体系职能结构和高等教育发展状况的实地调查与考证丰富研究数据，使研究成果更具说服力；另一方面在阐述了地方高等教育内涵式发展的概念，将其带入广西城市体系职能结构当中。本书运用文献研究法、定量分析、定性分析、数学方法等，具体运用如下：

文献研究法。通过电子检索中国知网数据库 CNKI、人大复印资料数据库，通过大量查阅与地方债相关的刊物、书籍、会议文件、统计资料、学术论文和相关报告，全面搜集有关高等教育内涵式发展和广西城市体系产业结构的文献。根据现有的理论、事实和需要，进行重新归类、分析整理和系统、全面的叙述和评论，并在此基础上完成研究构思。

定性分析法与定量分析法。根据国内外资料分析，以与广西城市体系职能结构相关的统计数据为基础，建立数学模型，并通过数学模型计算出广西城市体系职能结构类型和强度，对广西高等教育内涵式发展做出评估，并指出发展过程中存在的问题。

案例研究法。以广西本科层次高等学校为研究对象，对学校整体情况，以及每个学校实际情况进行连续进行调查，从而研究其行为发展变化的全过程，反映地方高等教育内涵式发展与城市体系职能结构的相互作用。

1.3.2.2 研究思路

以广西城市体系为研究样本，通过对广西城市体系职能结构的演进和空间布局以及广西高等教育内涵式发展的现状、布局、结构和发展态势进行探索，研究广西城市体系职能结构与高等教育内涵式发展的互动机理，以广西城市体系职能结构为支撑，为广西高等教育内涵式发展在新形势下的下一步发展提供参考，并提出政策建议。

1.3.3 研究意义

在理论意义方面，以广西壮族自治区为研究对象，运用多学科的理论与方法进行研究，通过对高等教育内涵式发展和城市体系职能结构维度的划分，探寻高等教育内涵式发展与城市体系职能结构良性互动过程及其影响因素，综合构建起高等教育内涵式发展与城市体系职能结构良性互动的作用机理并以广西壮族自治区为例进行推理论证，进而对高等教育内涵式发展和城市体系职能结构间互动的效果评价进行研究，对进一步丰富教育学、区域经济学、空间经济学等学科研究的理论内涵并为之提供研究案例具有重要的理论意义。

在实践意义方面，通过对高等教育内涵式发展与城市体系职能结构良性互动作用机理的深入研究，找到大学学科建设和人才培养对城市体系职能结构的特殊影响作用，并进行动态监测和调控，据此提出相应的促进城市体系职能结构发展完善的对策，能够极大的提高城市体系职能结构的发展水平和政府决策的科学性。同时，对城市体系职能结构对高等教育内涵式发展影响作用也进行了深入研究，通过城市体系职能结构影响高等教育内涵式发展，不仅可以合理布局产业，科学配置资源，抓住发展机遇，而且可以协调教育和区域发展、短期和长远利益关系以及政策的制定落实，能够提高区域经济社会的整体发展水平。另外，以广西壮族自治区作为实例进行研究，从而总结出高等教育内涵式发展与城市体系职能结构的作用机理，对于中国其他城市体系职能结构尚不完善，高等教育内涵式发展尚在摸索阶段的地区也具有十分重要的参考价值。

第2章

中国高等教育内涵式发展研究

2.1

中国高等教育内涵式发展的概念和内涵

2.1.1 中国高等教育的概念

高等教育是专门培养高级专业人才的社会活动，是在完成初等教育和中等教育之后进行的教育活动。高等教育的发展起源于11～17世纪欧洲兴起的大学教育，经过多年的发展，尤其是美国、英国、德国等国家大学教育的不断转型和发展，形成了现代的高等教育，现代的高等教育主要有人才培养、科学研究和服务社会三项基本职能。

解放初期，受到战争的影响，中国的高等教育在很长的时间都处于较低的水平，大部分专业人才培养，尤其是研究生层次的培养主要都是依靠国外，高等教育规模小、水平低成为这一时期中国高等教育的主要特征。直到改革开放以后，中国的高等教育取得快速的发展，经过30多年的发展已经基本上初步形成了适应国民经济建设和社会发展需要的学科门类较为齐全、多层次、形式多样的社会主义高等教育体系，为中国的现代化建设输送了大量的专业人才，为中国的经济建设、科技进步和社会发展做出了重要的贡献。

2.1.2 中国高等教育的类型

目前，从学历的角度来分，中国的高等教育主要有普通高等教育、高等教育自学考试和成人高等教育三种。其中，前两种属于全日制的高等教育后者属于成人教育。

普通高等教育，是中国高等教育最重要的组成，主要有专科生、本科生、硕士研究生和博士研究生四个层次。其中又可以细分为全日制普通专科，包括高等职业学校和高等专科学校；全日制普通本科，包括四年制、五年制、专升本二年制的本科以及全日制普通第二学士学位；全日制普通硕士学位研究生，包括学术型硕士研究生和专业硕士研究生；还有大学生学历最高一级的博士研究生，通常我们所说的博士后并不属于高等教育的范畴。在中国，高等教育机构主要包括高等职业技术学院、高等专科学校、学院和大学。

高等教育自学考试，一般简称为自考，是个人自学、社会助学与国家考试相结合的一种高等教育形式，在中国高等教育体系中占有重要的位置。1981 年开始，为了满足国民经济社会发展的需要以及广大人民学习的需求，国务院批准对自学者实施以学历考试为主的高等教育国家考试。高等教育自学考试对于高等教育的普及和规模化发展起到了至关重要的作用，有利于提高全民族的思想道德水平、科学文化素质。高等教育自学考试学生在经过系统学习，通过国家考试、毕业论文答辩、学位英语之后即可毕业，成绩符合条件的毕业生还可以申请学士学位，参加研究生考试继续攻读硕士学位和博士学位。

成人高等教育是高等教育的一种，同时又属于国民教育序列，由国家进行统一考试，各省、自治区和直辖市自主录取。成人高等教育根据中等教育和高等教育学历可以分为三个层次：高中起点升成教专科、高中起点升成教本科以及普通专科起点升成教本科。在教育和授课方式上成人高等教育主要有脱产、业余和函授三种。中国目前经过教育部审定核准的成人高等教育机构主要有普通高校的成人教育学院或者继续教育学院、广播电视大学、管理干部学院、职工大学等。

由于高等教育涉及的范围很广，尤其在成人高等教育方面涉及的东西更多，因此，本书的高等教育内涵式发展与城市体系职能结构良性互动研究主要是从普通高等教育角度来进行的。

2.1.3 内涵式发展与高等教育内涵式发展

内涵指的是事物各种本质属性的总和，揭示了事物质的规律性，发展则是指事物从低级状体向高级状态的转变。所谓的“内涵式发展”就是要抓住事物的本质属性，注重“质”的发展，强调事物质量的提高，效益的增强。高等教育内涵式发展始终是能够引起所有关注大学形成、延续与演进的人们不断地思索和追问的问题。伴随着经济社会的发展和变迁，大学系统变得越来越多样而且复杂，从而导致对于“高等教育内涵式发展”的解释也已经成为一个没有终结的话题。

在逻辑学上，内涵与外延是相对的。外延指的是一个对象所指的范围，内涵指的是一个从事物本质上所反映出来的各种属性的总和。从发展的模式来看，内涵式发展是通过将事物的内部因素转化成为事物发展的动力和资源的一种模式，表现出来的是事物内在属性的发展，比如综合实力的增强、发展水平的提高、结构的协调、要素的优化等等；而外延式发展是将外部因素转化成为发展的动力和支援的一种模式，通常表现为事物外部的延伸和规模的扩大，比如数量的增长、投资的增加、规模的扩张等等。就大学发展的模式来说，根据大学发展模式所需的要素来源于内部资源整合和效率提高还是外部投入就可以分为内涵式发展和外延式发展。大学外延发展更多的指的是大学办学规模的扩大，具体表现为建设新校区、设立分校、扩建增加学校面积、扩大招生规模等。而内涵式发展指的是通过对于大学现有资源的配置和结构的优化进一步挖掘大学的潜力，从而达到学校内部效率的提升和质量的提高实现大学的发展[60]。

当前中国提出的以质量提升为核心的高等教育内涵式发展已经经过了较长一段时间的发展，是高等教育贯彻和落实科学发展观的重要体现。但是，高等教育作为一个重要的社会单元，自身本就是一个非常复杂的体系。评价高等教育的发展水平主要可以从规模、质量、结构、效益和公平五个方面进行，从这个角度来看，高等教育的发展方式就可以分为扩大办学规模、提高教育教学和科研质量、优化资源配置、提高办学效益和追求教育公平等方式。采取不同的发展方式表现出来的综合效益以及对高等教育发展的促进作用也不尽相同，结合多种方式发展，取得高等教育规模、质量、结构、效益和公平的协调统一发展是当前实现高等教育内涵式发展的重要路径。

由此本书尝试进一步对高等教育内涵式发展的内涵做进一步阐释，高等教育内涵式发展指的是大学在科学发展观的指导下，以提高教学质量和办学效益为目标定位，以培育和提高核心竞争力为基本目标，通过内部资源的合理配置和科学整合实现要素效率提高并转化成为前进和发展的动力，从而实现大学的自我发展，将大学建设成为规模合理、结构优化、办学效益高、目标定位科学、特色鲜明、可持续发展的教育教学水平高、社会效益好的学校。

2.2 中国高等教育内涵式发展概念的由来及演变

20 世纪 80 年代以来，中国高等教育不断发展，“高等教育内涵式发展”的内涵也不断发生变化，虽然如今已经得到了广泛的认可。但是，回顾“高等教育内涵式发展”这一概念的演化过程，就可以发现这个概念的内涵是不断变化的，每个时期的中心也会发生位移。

2.2.1 中国高等教育内涵式发展的背景

20世纪以来，中国现代化水平已经取得了明显的提高，中国也基本上实现了现代化战略“三步走”战略的前两步目标，在第三步目标到20世纪中叶基本实现现代化上有了比较大的进展。但是，中国的现代化整体水平与中等发达国家相比仍然还有很大的差距，尤其是教育的发展与发达国家差距明显，在USNews2015全球大学排名中仅有北京大学和清华大学跻身其中，在前200名中也只有复旦大学、浙江大学、中国科技大学、上海交通大学和南京大学等7所高校。中国大学生在校规模已经达到了世界第一，但是在教学和科研水平上水平仍然较低，这也表现出单纯规模扩张已经无法满足中国的国际竞争需求。中国高等教育虽然在较短的时间内就实现了从精英教育到大众化的跨越，但是中国的高等教育不论是教学教育质量、科研创新能力还是学校的管理水平上都与时代的需求表现出了极大的不适应，具体表现在以下几个方面：

第一，“精英型”基础教育与“大众化”高等教育的衔接问题。从目前中国的基础教育来看，绝大多数都是以升学为目标的，在中学教育中表现的尤为明显，大学升学率已经成为衡量一个中学教学水平的重要指标。而职业高中的境遇与普通高中相反，职业高中很少，受到的重视也不多，而且面临着被边缘化的危险，虽然应用型本科的发展在一定程度上能够进行弥补。但是，一次考试、分段录取的方式使得高等教育和高等职业教育变成等级悬殊的两类教育。在扩招的影响下，高等教育大众化的超常规、跨越式发展直接导致高等教育机构承担教学和科研任务过重，管理不到位，对本科生、研究生的教育和教学质量产生了消极影响。

第二，高等教育大众化名不副实的问题。高等教育大众化是高等教育扩张的自然过程，也是实现高等教育大众化的必由之路，高等教育规模和质量的均衡也成为高等教育发展过程中首先必须处理的问题。美国学者马丁·特罗认为当高等教育的毛入学率上升到15%以上，高等教育就从精英教育过度到了大众化教育，中国也在规模上实现了高等教育的大众化。这也说明现阶段中国高等教育仅仅是指标上的大众化，是名不副实的高等教育大众化。由于教育资源和经费的投入不足，师资匮乏，教育手段和管理水平较为落后，成为高等教育质量下降的重要诱因。

第三，高等教育的“教育性失业”问题。高等教育迅速发展的同时，却出现了许多受过高等教育大学毕业生“就业难”，毕业就失业的状况。教育性失业或者文凭贬值指的是有大量接受过高等教育的知识劳动力不得其用。其中一个重要的表现就是许多受过高等教育的大学毕业生由于专业不对口等原因，不能学以致用，高能低就，大材小用，不得不与专业不相关的、技术水平和收入都比预期低的工作。近几年来，大学生“就业难”已经成为国家和社会高度关注的，考验执政党执政能力的重要问题，越来越多的本科和研究室毕业生找不到合适的工作，高学历失业人群逐渐呈现出蔓延的趋势。

第四，高等教育不公。在很长的一段时间里，中国“精英型”高等教育都是中国传统思想“学而优则仕”的延续，成为许多普通民众向社会上层流动的重要机制。高等教育的大众化虽然增加了人民接受高等教育的机会，但是一定程度上也使得高等教育原有的使社会底层优秀人员向上层社会流动的功能弱化。除此之外，就业压力的影响下，本来处于劣势的城市工薪阶级以及农民的子女在接受高等教育之后，就业仍然面临巨大的困难。高等教育大众化增加了高等教育的成本，高等教育机构收费增加也成为阻碍低收入人群接受高等教育的重要因素。饱受诟病的还有教育资源分配不公，导致有些地区高考竞争激烈，高考移民就是在这样的背景产生的。诸如此类的现象都说明了高等教育大众化并不是必然导致教育的公平，甚至有可能进一步加大教育不公。

第五，高等教育机构分类与发展定位问题。1986 年起，高等教育财政对于高校的财政支持主要是通过“综合定额加专项补助”来实现的，即根据上一个年度的生均成本和本年度的在校学生规模来核定的，“专项补助”则需要通过学校申请，在教育主管部门批准之后才能拨给。在这样的财政支持体系下，不论是研究型大学、专业型大学、教学型大学、高职高专院校还是成人高校都是在不断扩招，在专业设计上也求大求全，许多学校都变成了综合性大学，这也就导致了高等教育机构在发展定位模糊，专业不专。

除此之外，高等教育大众化还导致了重点大学与一般大学抢夺生源、教育管理体制落后、民办高等教育混乱、职业教育发展落后等一系列问题。在快速扩招之后，高等教育亟待改革，但是由于规模太大，改革面临的问题也无比艰巨。目前，中国的基础教育已经取得了跨越式的发展，义务教育普及程度和质量都水平都较高，这也成为高等教育发展的重要基础。“高等教育内涵式发展”作为中国重点推进的重要战略，高等教育大众化在数量上达标，虽然在一定程度上增大了改革和发展的难度，但是也是“内涵式发展”的重要基础，深入实施高等教育内涵式发展符合时代的要求，成为中国经济和社会发展的重要战略选择。

2.2.2 中国高等教育内涵式发展概念的演化

1. 作为高等教育规模扩张策略的“内涵式发展”

“高等教育内涵式发展”在20世纪80年代主要是作为扩大高等教育规模的重要策略。提出“高等教育内涵式发展”的背景是高等教育开始恢复，但是高等教育的规模整体上偏小，单个高校无法发挥规模效益，办学效益低下。当时发展高等教育主要有两种主张，一种是主张通过新建高校的“外延式发展”来扩大高等教育的规模，另一种是主张通过挖掘学校内部的潜力来增加学校的容量，从而扩大高等教育的规模。在特定的历史条件和经济条件下，通过对提高内部资源效率的“内涵式发展”一方面提高了学校的办学效益，另一方面也没有增加太多的投入，因此也就成为有效提高在校学生规模的重要途径。为了适应改革开放和现代化建设的需要，1983 年颁布的《中国教育改革和发展纲要》明确了 90 年代的高等教育在规模上应该有较大的发展，在结构上应该更加合理，质量和效益应该有明显的提高。正因如此，“高等教育的发展，要坚持走内涵式发展的道路，努力提高办学效益”。“高等教育内涵式发展”首次被提到国家政策层面，这也是“高等教育内涵式发展”的基础。实际上，“内涵式发展”早就被应用于经济领域，尤其是在微观经济研究领域已经构建出了企业内涵式扩大再生产的动态模型，并在许多行业得到了应用。

20 世纪 90 年代以后，中国高等教育也逐步步入了大众化的发展历程，规模快速扩大，在校学生人数急剧膨胀，这也带来了一系列管理上不适应的问题。高等教育大众化发展也就开始引起了许多专家学者对于大学应该采取“内涵式”或者是“外延式”发展模式的思考。这里的大学“外延式发展”指的是大学规模的扩大，与规模扩张相对应的是更加注重质量的“内涵式发展”。

2. 与规模扩张对立、质量为主的“高等教育内涵式发展”

国家“十一五”规划也提出高等教育应该从“扩招”和“提高大众化水平”逐步转变成为“教育质量”的教育内涵式发展。2006 年，国务院也开始对高等教育的大学扩招规模进行了控制，从规模到质量的转变主要有以下几个方面的原因：

首先，由于大学扩招规模的增长速度过快，高等教育在数量上很快地实现了大众化，但是在与高等教育大众化相关的管理体制、培养模式等的不相匹配。与此同时，入学标准降低，大学毕业生就业问题突出，高等教育质量的整体下滑等问题使得整个社会重新对高等教育进行审视。“高等教育内涵式发展”正是对于这部分质疑的一种强有力的回应。

其次，快速膨胀的高等教育规模是以大量的资源投入作为前提的，这也使得许多地方和高校在扩张的同时背负巨额的债务，并有可能产生进一步的财政风险，因此，为了警惕高校债务可能产生的金融风险，中央和地方的政府对于高等教育规模扩张的财政支持力度事实上已经开始缩减，“高等教育内涵式发展”就成为缓解由高等教育大众化引起的资金紧张问题。

在这样的情形之下，“高等教育内涵式发展”的主要意义是以质量建设为核心，以数量增长和规模扩大为目标的发展模式被称为是“外延式发展”。1991 年《国民经济和社会发展十年规划和第八个五年计划纲要》明确指出要重点建设 100 所高校和一批重点学科。为了进一步提高高等教育的质量，1998 年中国又提出了“985”工程。几乎同一时间，教育部展开了对于本科教学工作和综合办学实力展开了评估，以此为契机高等教育的教学和科研投入明显增加，硬件建设也得到了明显的加强，课程改革、学科建设、专业调整和师资队伍水平建设也成为各大学重点推进的工作。新时期所倡导的“高等教育内涵式发展”着眼于教育质量，更加重视教育的协调、均衡和可持续发展。

3. 与阶段性政策措施对立、着眼长远的“高等教育内涵式发展”发展战略

“高等教育内涵式发展”的概念在不断修正的过程中得到发展，但是基本上都只能作为阶段性的政策措施，并没有发展成为有关高等教育长远发展的战略。前者是在大学发展的过程中为了应对现实的问题，解决紧迫的矛盾，追求的是短期的政策效果，而后者更加将大学发展提到了更高的层面，重视根本问题的解决和长远的发展，从总体规划的角度，根据经济社会的发展状况来明确学校发展的定位，通过制度设计和自身文化建设实现“内涵式发展”，突出的是大学在发展过程中的战略性、全局性和长远性。

2010 年，以《国家中长期教育改革和发展规划纲要》为标志，“高等教育内涵式发展”的内涵得到了进一步的提升，成为一项着眼于长期的可持续发展战略。科学发展观成为高等教育内涵式发展的重要指导，对于高等教育的发展产生了重要影响，在总结高等教育

发展的历史经验教训的基础上，正确认识现实，面向未来提出的一种以“全面、协调、可持续”为主要特征的发展观。从科学发展观的视角来审视高等教育的发展问题，人是高等教育的核心，以人为本的教育思想也成为发展高等教育的一种共识。通过对学校资源的整合，着力提升学校的办学效益、教学和科研水平、教育质量，实现发展速度、结构、效益和质量的统一，实现高等教育的可持续发展。

如今，我们对一所高校进行评价主要是从学科建设、师资队伍和学术成果三个方面。影响高等学校教育质量的因素涉及教学、科研、管理、学校文化等多个因素。制度建设与文化保障是高等教育产生一流的效益、一流的师资和一流教学和科研水平的重要保障，是高等教育能够培养出优秀人才的重要条件。因此，制度和文化建设已经成为高等教育内涵式发展的重要内容。制度建设一方面指的是高校的法律制度和治理结构，另一方面指的是学术制度的建构；文化建设更多的是强调大学净胜的塑造。

从高等教育内涵式发展的概念演化历程来看，高等教育内涵式发展已经背离了其产生时期的含义，基本上经历了“规模和数量增长——抑制数量规模、提升质量——可持续发展”的一个过程，其自身的内涵也不断发生位移。这个演化的过程反映出了人们对于高等教育的认识和高等教育发展的把握不断深入，越来越接近于高等教育发展的本质。在这个过程中，高等教育在经历了略带功利性的快速膨胀之后，慢慢地回归到了高等教育的本质，高等教育的内涵也得到了不断地丰富。

2.2.3　中国高等教育内涵式发展概念的歧义

从现有研究和高等教育发展的过程来看，高等教育内涵式发展的概念是不断变化的。从时间的维度我们已经完成了对“高等教育内涵式发展”的演化路径的梳理，但是，就目前来看这一概念并没有得到所有人的认同，对于高等教育内涵式发展概念的解释也是五花八门，其中不乏对于高等教育内涵式发展的误解和滥用。对于高等教育内涵式发展概念的曲解和歧义限制了该概念作为战略和政策的准确性和可操作性，但是从另一个角度来说，概念的歧义为我们提供了“反面教材”，对其进行客观地审视和反思有利于我们对于高等教育内涵式发展概念认识的进一步深入。

1. 高等教育内涵式发展概念的歧义

由于缺乏关于“高等教育内涵式发展”和“高等教育外延式发展”的权威解释，在很多时候高等教育“内涵式”和“外延式”发展都是一种比喻，没有精确的规定，对于概念的解读也经常出现歧义[61]。经过对现有文献的总结和梳理，可以粗略地分为以下几类：

（1）要素论。

要素论对于“高等教育内涵式发展”和“高等教育外延式发展”的解读主要是从要素的角度来进行的。从要素投入和要素资源的利用效率两个维度将高等教育分成内涵式发展和外延式发展两种。外延式发展主要是通过要素投入，增加新院校、系、专业和教师数量，实现高等教育规模的扩大；内涵式发展则是通过学校资源要素利用率的提高和学校潜力的挖掘来实现高等教育规模的扩大。内涵式发展就是要实现高等教育由土地、经费等外部资源驱动向质量、结构、效益等内部动力和资源模式转型[62]。

这样的解读更加关注的是高等教育规模的增长，在某种程度上将高等教育的发展与高等教育规模的增长等同起来了，认为规模的扩大是高等教育发展的目标，不论是“内涵式”发展还是“外延式”发展都是为了实现高等教育规模的扩大。这与经济学领域“集约型”和“粗放型”的经济增长方式划分类似，因此，要素论对与高等教育发展方式的解读更具经济学的色彩。

（2）职能论。

职能论对于高等教育发展模式的解读主要是从高等教育的职能的角度，认为高等教育的发展主要表现在高等教育教学、科研和社会服务等方面的职能。高等教育内涵式发展就是高等教育通过发展实现人才培养、科学研究和社会服务三项基本职能的提升，事实上就是不断提高高等教育机构的办学质量[63]。

从高等教育职能的角度来阐释高等教育内涵发展的概念，无疑是对于“内涵式”发展概念的校正，使得高等教育内涵式发展回归到高等教育机构本身上来。从高等教育发展的历程来看，高等教育的发展事实上也是高等教育基本职能转变的一个过程，从 19 世纪中叶，自由教育的伟大倡导者亨利·纽曼提出大学教育应该以知识传授为主，培养学生的理性思维；到德国著名学者、教育改革家威廉·冯·洪堡倡导的研究和教学合二为一，他所创立的洪堡大学也以正是将科学研究和学生道德修养和个性培养作为学校发展的主要任务；再到现代美国大学对于社会服务职能的重视。

但是，如果从高等教育的职能的角度来界定大学的内涵式发展概念事实上也极有可能忽视高等教育三大职能背后的深层次矛盾的解决。从目前中国高等教育的科研和服务社会来说，虽然很多学校都在强调科研的发展，但是事实上却是中国的高等教育机构产生的成果往往得不到公认，创新性也有明显的不足，产学研结合的更少，能真正服务于地方服务于社会的成果少之又少。而要解决这个问题最重要的就是要解决大学发展评价体系、激励机制和学术风气等方面深层次的矛盾。

（3）结构论。

结构论是从组成整体的各部分的搭配安排来对高等教育发展进行多层次的剖析。一般来说，高等教育可以分为以下几个层次：第一，在办学设施上，指的是高等教育规模的扩大，更多的人能够接受高等教育，高等教育能够培养出经济和社会发展所需的各类、各层次的人才；第二，在制度建设上，指的是高等教育制度建设，包括高等教育在办学模式、管理体制等方面的建设，使得高等教育教学、科研、管理等方面都有制度可依，有规矩可循；第三，在理念层面，充分认识高等教育质量发展的重要性，从更新高等教育发展理念入手，转变思想。因此，中国高等教育要实现从外延式发展向内涵式发展转变必须通过深刻的变革才能够实现，全方位地转变高等教育教育资源配置方式，在教育理念、教学方法和管理制度上做出改变。如今，越来越多的研究将高等教育内涵式发展的重点指向了高等教育制度的创新，认为高等教育内涵式发展的核心是师资培养、课程设置、学校制度和办学体制的发展[64]。

从结构的角度来解释高等教育内涵式发展，事实上对于高等教育的内涵式发展是一种很好的解释，高等教育在办学规模和办学条件的快速发展事实上已经在很大程度上解决了高等教育内涵式发展的办学设施层面问题。在高等教育“超常规、跨越式”发展之后出现的包括高等教育机构办学体制不适应、办学理念落后等问题就是结构论上所说的高等教育内涵式发展要解决的问题，因此高等教育内涵式发展不仅要从硬件建设开始，着力于制度建设、体制机制建设和资源配置，还需要在观念上实现转变，符合时代的发展要求。但是，这样全面的解读事实上也会带来一系列的问题，模糊了高等教育内涵式发展的概念，在高等教育内涵式发展上也有可能导致重点不突出，淡化了高等教育内涵式发展作为战略的指向作用。

总之，高等教育内涵式发展的概念是发展的，人们对于这个概念的理解也不尽相同，甚至在很多时候对于概念的理解是有可能出现相互矛盾的状况。但是，对这个概念的不同解读，有些时候甚至是曲解的状况有可能直接导致了战略执行的随意性。如果没有对高等教育内涵式发展的概念达成统一的认识就有可能出现每个人都按照自己的解读去实施所谓的“高等教育内涵式发展”，最终就导致高等教育内涵式发展的目标难以达成。

2.3 中国高等教育内涵式发展内容的应然分析

“要发现一个词的真实意义，就应当了解人们用这个词做什么，而不是对这个词说了什么。”[65] 在我们分析了中国高等教育内涵式发展的背景、高等教育内涵式发展的概念之后，我们发现了目前我们对于中国高等教育内涵式发展的概念仍然存在歧义。为了更加充分理解中国高等教育内涵式发展的概念，我们尝试在吸收要素论、职能论和结构论的基础上，从应然的角度从高等教育的理念、制度和办学设施三个层面来分析中国高等教育内涵式发展的内容。

2.3.1　理念层面：大学精神的重塑

大学精神是大学在长期的发展过程中所形成的，蕴涵着的共性的价值追求和理想目标，约束大学行为的价值和规范体系，以及体现这种价值和规范体系的独特气质[66]。大学实施高等教育的主要机构，大学精神是大学的灵魂，对于大学发展具有重要的引领作用。但是，有一些大学在走向经济社会发展的过程中已经遗忘了大学精神，当代中国的高等教育在这一点上表现得尤为明显，现在呼声很高的大学要“去行政化”从侧面也反映出大学政治化严重，除此之外学术腐败、学术庸俗化、大学生信仰危机等多种问题的出现也表现出大学精神日趋衰落。

目前，中国高等教育最缺乏的就是自我精神传统的建立以及自己精神领地的确立，重塑内在的精神品格[67]。高等教育已经经历了多年的“跨越式、超常规”的发展，但是在大学精神的传承和大学制度的构建等高等教育发展的根本任务方面却显得极其苍白。鉴于大学精神在大学和高等教育乃至国民经济和社会发展中的重要作用，以及大学精神失落所带来一系列消极影响并呈现出愈演愈烈的趋势，重塑大学精神成为大学发展亟须解决的问题，也是当代大学人身上不容推卸的责任。

越来越多的专家、学者呼唤重塑大学精神，认为高等教育内涵式发展首先必须坚守大学的精神。项贤明就提出“大学是探求高深学问、追求真理、关注人类命运的场所，是人类文明进步的精神殿堂，失去这一内涵，大学将失去存在的意义”[68]。高等教育机构作为“探索普遍学问的场所”[69]，“是所有知识和科学、事实和原理、探索和发现、实验和思考的有效保护力量”[70]，是“智慧之府，世界之光，信仰的使者，新生文明之母”[71]。只有从理念上形成对于大学精神的重视，重塑大学精神，加快转变办学理念，以质量立校为核心，全面摒弃外延式发展思维，才能在本质上推进高等教育的内涵式发展。

2.3.2 制度层面：高等教育体制改革与现代高等教育制度建立

高等教育管理体制指的是政府管理高等教育机构的管理系统结构和组成方式。从各国高等教育发展的经验来看，在高等教育不断发展的过程中，高等教育体制也在不断发生变革[72]。在 B. R. 克拉克所描绘的“政府—市场—学术垄断组织”的三角权利关系中，大众化使得高等教育在经过不断的分化之后高等教育层次更加清晰、方式更加多样，整个高等教育体系不断得到完善。但是，这也导致高等教育管理权利重心下移，高等教育管理权力开始变得分散，整体的利益也难以得到统一协调，出现的矛盾也往往难以调和。

为了减轻中央财政的负担同时调动地方政府和社会的积极性，中国采取了“调整、共建、合作、合并”等办法来实现资源的优化配置，提高办学的效益。但是，政府财政支持仍然是高等教育发展最主要的资金来源，因此政府掌握了高等教育规模和质量发展的制动权，规避、预防高等教育大众化带来的风险，高等教育内涵式发展都只能取决于政府的预见力和判断力[73]，高等教育机构自由发展的空间有限。著名华裔数学家、菲尔茨奖得主、哈佛大学终身教授丘成桐在中国科学院研究生院题为《论高等教育》的主题演讲中就强调了自由对于高等教育发展的重要性，他认为“没有学术自由，什么都办不了。要有学术自由，就必须有院校自主。”

现代高等教育制度是规范和理顺高等教育机构与政府、高等教育机构与社会的关系，要求政府、社会和高等教育机构共同遵守的办事规程和行为准则，是完善和改革高等教育机构内部治理结构基础。我们要推行培育大学精神，推进高等教育的内涵式发展就要建立现代高等教育制度。在宏观上理顺高等教育机构与外部的关系，充分发挥政府宏观管理作用，着力推动政校分开、管办分离，鼓励市场和社会的参与同时加强高等教育法律建设，扩大高校办学自主权；在微观上，治理好高等教育机构内部的关系，在党委领导下的校长负责制的基础上，加强高等教育机构内部管理体制改革，推行民主管理和教授治学形成统一、灵活、民主、高效的科学管理制度和运行机制，建立健全社会监督和支持大学发展的长效机制。通过高等教育管理体制改革和建立现代高等教育制度给教师创造更多的空间使教师获得更多的自主权，真正构建起在高等教育机构中构建起一个以人才培养为核心的新型高等教育管理体系，为高等教育内涵式发展提供有力的制度保障。

2.3.3　办学设施层面：从规模扩张到质量的回归

1. 师资力量

清华大学前任校长梅贻琦先生在其就职演讲中提出，“所谓大学者，非大楼之谓也，而大声之谓也”[74]。虽然这句话是在 20 世纪提出的，但是对现在高等教育学校的内涵式发展仍然具有很重要的指导作用。具备良好教风，善于钻研、严谨求实、敢于质疑、学术造诣深厚的教师就是大学校园内最具说服力的文化活标本，是学生仿效学习的榜样[75]。师资力量对于大学发展的影响已经成为一个共识，教师不仅可以通过课堂教学对学生产生直接影响，而且教师的治学态度、治学精神、治学方法也会对莘莘学子产生间接影响。

因此，全体教师发展也是学校发展的重要体现，师资队伍建设是高等教育实现内涵式发展的关键[76]。高等教育的内涵式发展必须依赖于一支特色的教师队伍，高校教师应有学问，要学识渊博、学术水平高。“名师出高徒”也绝对不是没有依据的，特色师资队伍应该是一个既有领军人物，也有中坚力量，既有主攻学科方向，也有标志性的研究成果，有特色的研究团队。有数据表示，在美国92位获诺贝尔奖的科学家中，有48人曾经是前辈诺贝尔奖得主的学生，或者在他们的指导下从事研究[77]。剑桥大学卡文迪什实验室一共培养了20多位诺贝尔奖得主，其中一个很重要原因就是在这个实验室里的学生都可以得到诺贝尔奖得主直接的指导[78][79]。中国近代物理学奠基人叶企孙教授一生都坚持在教师的岗位上，培养了一大批对于我国科技进步做出突出贡献的学生。1999年，在获得“两弹一星功勋奖章”的23位科学家中，有9人是他的学生，2人是他学生的学生，其中就包括了中国科技界“三钱”中的钱学森和钱三强、“光学之父”王大珩、“航天之父”赵九章以及“原子弹之父”王淦昌等[80]。

2. 学科建设

大学是学术组织，主要任务是进行科学研究和培养高级人才，学科是大学的基本单元，是连接大学人、财、物等学术资源的纽带。学科的基本特征是学术性，独立和自由探索。学科建设是大学的综合性工作，也是关系大学发展的全局性工作，同时学科建设也是一个由无形到有形的过程，大学从聚集一批学者开始，到学科研究基地与平台的形成，最后成为院系设置的基础（学部制、学系制与学院制）和学校管理的基础。

学科建设是高等教育内涵式发展的重要组成部分，它以促进高等教育内涵式发展为目标。因此应该以科学发展观为指导，贯彻落实胡锦涛同志清华大学百年校庆讲话精神和《全面提高高等教育质量的若干意见》、《关于实施高等学校创新能力提升计划的意见》精神。坚持学科建设工作的龙头地位，强化重点学科建设对学校事业发展的支撑和引领作用。以重点学科内涵建设为主线，以服务经济社会发展和适应国家、地方战略需求为导向，以机制体制改革为突破口，以学科结构优化、队伍建设、成果打造和创新平台建设等为重点，整合学科资源，提升协同创新能力，彰显学科特色优势，全面提升学科综合竞争力，实现高等教育内涵式发展。

高等教育内涵式发展的学科建设过程中，应该掌握一定的方法和把握一定的原则。

第一，面向需求，服务发展。重点学科的设置应该有利于更好地适应现代社会进步和学科发展趋势，有利于更好地服务于国家和地方发展的需求，有利于适应国家和省有关高等学校学科建设、人才培养和学位授权工作要求，有利于大学尽快在学术成果和科研水平上取得突破。

第二，分类建设，优化结构。按照优势学科培育点、一级重点学科、特色学科三种类型，构建新一轮校级重点学科体系。建设“优势学科培育点”，旨在重点培育与地方战略产业、新兴产业、文化传承创新等密切相关以及可望在全省乃至全国抢占学科制高点的新兴学科、应用学科和交叉学科，在继续巩固、拓展现有一级重点学科优势的基础上，着力彰显学科交叉优势和特色优势，为大学向更高的学科培养水平发展积累基础。建设“一级重点学科”，旨在巩固和拓展现有一级重点学科发展优势，为大学向更高的学科培养水平发展提供支撑和创造条件。建设“特色学科”，旨在扶持具有良好学科积累、发展前景和显著特色的二级学科的同时，重点培育能够满足地方经济社会发展需求的新兴学科、应用学科和交叉学科，并为形成新的学科和专业增长点创造条件。

第三，整合资源，彰显特色。在大力提升反映学科竞争力核心指标的同时，应该进一步强化资源整合意识和协同创新能力，努力打造学科特色优势。全力支持研究方向特色鲜明、围绕特色方向形成协同创新机制和浓郁合作氛围的重点学科再上新台阶；同时，通过进一步整合资源，努力培育能够适应经济社会发展需求并形成显著特色优势的新兴学科、应用学科和交叉学科。

第四，扶优扶强，梯度支持。重点学科建设优先支持既有良好基础和特色优势、又有良好发展前景的学科。在合理配置资源的基础上，按照扶优扶强的原则，充分拉开档次，对不同类型重点学科给予不同力度的扶持。相同类型的重点学科，学校在给予经费资助时，视学科建设成效适当拉开差距。

在学科建设的建设过程中，还应该有相应的保障措施：

首先，加强组织领导，创新工作机制和考核机制。优化工作机制，加强学科建设组织管理。领导干部要高度重视学科建设工作，加强组织领导，努力在工作实践中进一步落实学科建设工作的龙头地位。学科建设管理职能部门以及相关部门要相互保持密切配合，共同做好学科建设与管理工作。进一步强化校学科建设指导委员会的业务指导和管理职能。妥善处理行政权力与学术权力的关系，既要充分保证行政权力有效发挥组织保障和管理服务作用，也要切实尊重、发挥学科团队的创新主体作用。进一步强化二级学院学科建设工作委员会的指导职能。优势学科培育点要建立学术委员会制度，切实发挥学术委员会在研讨学科建设动态信息、优化建设方案、监督经费管理以及组织协调重大学术活动等方面的作用。鼓励创造性地推动、参与校内学科资源优化整合，积极支持打破学科壁垒，努力建立健全校内不同学院之间的学科建设协作机制。优化考核机制，提高重点学科建设成效。大学对于重点学科建设实行全程监控、全程管理。重点学科遴选、考核，要切实体现重点学科建设基本原则。要按照核心指标定量评价和学科特色优势、协同创新能力定性分析相结合的原则，做好重点学科遴选和考核工作。学科建设考核应根据不同类型重点学科的不同定位，实行分类考核。进一步加大对学科带头人和学术带头人的考核权重，进一步完善学科带头人和学术带头人的遴选、考核和更新机制。进一步健全学科团队结构优化机制，确保重点学科始终成为兼具实力、活力的创新平台。优化师资管理制度，加强学科人才队伍建设。进一步改进师资管理，按照不同岗位要求对教师进行分类设岗、分类考核、分类管理。创新人才引进和培养机制，精心打造学科带头人、学术带头人等学科骨干队伍，积极打造协同创新机制健全、氛围浓郁的学科团队。优化科研评价机制，提升学科创新能力。以大力提升学科发展水平和竞争实力为导向，推进学科建设与科研工作的良性互动，强化学科建设对科研工作的引导作用。建立健全反映个人或团队最高水平的代表性研究成果评价机制。科研奖励与资助应重点支持围绕学科特色方向的研究工作，重点支持平台建设、项目研究等协作创新项目，重点支持服务社会活动和高端科研成果获奖。科研评价必须充分尊重科研工作内在规律，实现定性分析和定量评价相互结合，基础研究、应用研究和社会服务相互支撑，不同学科特性同时兼顾。

其次，优化资源配置，改善学科发展条件。充分整合校内资源，确保把有限资源优先用于重点学科建设，用于学科建设的关键之处。校内人才引进、经费预算、岗位设置与考核、收入分配等，都要充分保证重点学科建设需要。妥善处理学科建设与人才培养、科学研究、社会服务和文化传承创新等工作的关系，努力形成学科建设与其他各方面工作相互支撑、相互促进的良性互动格局。以校内资源的充分整合为基础，积极争取各级党政及其主管部门的支持。同时，积极推进与地方交流合作的制度建设，努力整合学科发展所需的地方资源。积极争取在服务发展中进一步赢得学校办学声誉，赢得地方政府、行业产业等各方面的支持。积极争取兄弟高校、科研院所的支持与合作，争取省内、国内知名专家学者的支持。进一步推进国际化战略，在深化国际交流合作中进一步打造我校学科优势和办学特色。

最后，营造优良环境，培育创新文化氛围。正确处理学科建设软件与硬件的关系，在加强学科创新平台等硬件建设的同时，高度重视制度建设和创新文化建设。积极营造推崇创新、保障创新、鼓励创新、人与人关系和谐轻松的学科文化氛围。按照既有较高学术造诣、又有优良道德品质和协调能力的原则，做好学科带头人、学术带头人的培养工作，使他们成为整合学科资源、团结调动一切力量的纽带。围绕学科结构和队伍结构优化，按照一切有利于学科提升的原则，既充分保护每位科研人员的积极性、创造性，也要适时动态调整学科团队，积极营造锐意进取、充满活力的团队氛围。学科建设决定了高等教育内涵式发展的深度和层次，建立科学完善的学科建设体系是为高等教育内涵式发展提供保障。学科建设是高等教育内涵式发展的重要组成，也是当代高校立校之本，强校之基。加强学科建设不仅是高等教育内涵式发展的一个主要突破口，而且是现代高校发展的趋势，更是当代大学建设的核心。要实现高等教育内涵式发展的目标，就必须抓住学科建设这条主干。

3. 人才培养

人才培养与学科建设一样，都是高等教育内涵式发展的重要组成部分。社会的政治、经济、文化、受教育者个性需求等因素会对人才培养模式形成影响，而人才培养模式又会制约大学人才培养质量。大学人才培养模式在不同的时代有不同表现。在知识型经济社会，素质和能力成为人才培养导向，创新能力的培养是大学人才培养的重要目标。在现代大学制度环境下，要建构新型的大学人才培养模式必须充分考虑社会发展的人才需求，明确大学的人才培养目标，对大学的专业设置以及专业人才培养的目标和规格、大学生的培养方案、方式与途径等进行及时的调整，提高人才培养质量[81]。

第一，确立以大学生自身发展为中心的理念。美国大学率先提出了“以学生为中心”的高等教育发展理念，1998 年联合国教科文组织发布的世界高等教育大会宣言中也指出高等教育必须以学生为中心建立新的视角和模式[82]。首先，应该树立起以人才培养为本的观念，在办学的过程中以学生的成长、全面发展为核心价值，从学生的实际需要出发。其次，重视本科教育教学，在大学发展的过程中应该以大学生发展为本，尊重大学生的发展需求，培养学生的创新能力。再次，在课程设置中重视创新课程的设计，不断提升教师的授课能力，因材施教。最后，在学生的培养过程中，重视学生的个性培养，尊重学生的兴趣和自主选择权，保障学生有一个广阔、自由的发展空间。

第二，拓宽专业领域，统一和融合专业和通识教育。知识分类、学科分化是现代大学教育的重要特征之一。专才教育在现代大学教育中由来已久，逐渐削弱了古典通才教育的地位。高等教育中不应该只是纯粹地推崇专业教育，但是，通识教育对于个体及社会发展也同样重要。因此，大学的本科教育专业教育与通识教育并重，模式应是“专业教育—专业教育通识教育融合—以通识教育为基础的专业教育”。当然，通识教育、通识课程也不是一般意义上的学术性综合课程，而是能够培养学生在积极追求知识过程中，树立起人生价值观、社会责任感、理性精神、人文情怀以及高尚品位等素质，从而实现学生的全面发展，因此，因此通识教育对高等人才培养是必不可少的。目前，中国大学的专业设置涉及的面不广，拓宽大学的专业领域，建设新的人才培养模式，培养创新型、复合型人才的重要任务。

第三，建立弹性化的教学制度。弹性学习制度的基本理念是“弹性、自治、学习者中心”，建立弹性学习制度应该以现代信息媒体技术为基础，以个人设计的课程为主要内容，主要特点是学生自主学习[83]。以传统刚性的、非选择性的大学人才培养制度不同，本书中倡导的新型大学人才培养理念是以弹性学习理论为指导，以具有可选择性的、弹性化的人才培养制度。建立弹性化的教学制度应该从以下几个方面着力：其一，建立以学生为中心的弹性课程制度，在设计弹性的课程时，以学习者为中心增强课程的弹性与可选择性，从根本上克服传统的大学课程设置中题型与活动型课程少于理论型与知识型课程，微型课少于大班授课，选修课少于必修课，课程可选择性不强等的弊端。其二，以模块化为基础建立知识整合与知识建构模式[84]。通过模块式的课程体系的建立，通过采用学生参与式、师生互动型的教学方法与模式，转变单一的课堂教学为师生之间形式多样的互动交流，积极开展启发式和讨论式教学。建立不同大学间的资源共享模式与学生的自主选择。

第四，构建弹性化的人才评价机制。大学内部教育教学评价制度的弹性化建设。在内容上，是要推进以学分制管理为主和学年制管理为辅的教学管理评价制度；在形式上，更多的体现大学的教育教学评价体系的弹性化色彩，真正实现学生才能培养的多样化与个性化。构建评价内容和标准更加全面、教育评价方法更加多样、评价主体多元化的人才评价机制。对教育教学和学习活动进行评价的主体既可以是理者、培训者，也可以是学习者本人。注重发展的教育评价，明确评价结果最终是为了促进学习者的发展，而不仅仅是为了鉴别和选拔。鼓励学生的积极参与使他们在教育评价活动中具有主体地位，这样通过学习者的自我调控、完善与修正，不断地对自己的学习活动进行反思，从而实现教育质量的不断提高。

2.4 中国高等教育内涵式发展的目标

在《国家中长期教育改革和发展规划纲要（2010~2020）》中指出："提高质量是高等教育发展的核心任务，是建设高等教育强国的基本要求。到2020年，高等教育结构更加合理，特色更加鲜明，人才培养、科学研究和社会服务整体水平全面提升，建成一批国际知名、有特色高水平高等学校，若干所大学达到或接近世界一流大学水平，高等教育国际竞争力显著增强。"[85]根据这句话，我们不难推想今后我国高等教育发展将以全面提高质量为重点，提高人才培养质量，增强科研水平，优化高等教育结构，高校也要改变千校一面的现象办出各自特色，走内涵式发展之路。

2.4.1 特色发展

2000年以来，在我国高等教育规模不断扩张的过程中，办学目标、学科结构趋同现象也屡见不鲜，有一部分地方高校片面向综合性大学看齐，没有特色，缺乏个性，专业设置和人才培养与地方经济社会发展相脱节，导致发展水平不高、发展后劲不足[86]。当前经济发展、市场需求迫切要求大学从千校一面转移到个性化发展的思路上来[87]，特色立校、特色兴校、特色强校是高等学校走内涵式发展的关键[88]。

目前，国内外一些知名大学已经形成自己的个性化发展特色，比如：哈佛大学的学分制[89]；牛津大学的导师制[90]；中国人民大学的“人文”特色[91]；兰州大学的西部“地域”特色[92]。这些特色都为这些学校的生存和发展注入了持久的生命力和提供了广阔的发展空间。教育部高等教育司司长张大良指出，各个高校自身要科学定位，坚持特色发展，找准自己的位置，要结合服务面不断调整，确立学科专业建设、人才培养类型等方面的发展内容，增强服务国家和地方经济社会发展的能力[93]。我国高等教育走内涵式发展之路，办出特色的另一个表现就是把服务地方发展作为学校本身发展的切入点，要立足自身实际，立足地方需要，让高校成为繁荣地方文化、促进地方经济发展和社会进步的一支力量[94]。

第一，办学理念。办学理念包括办学指导思想、学校定位和发展目标，是对高等教育实践的一种理性认识，是特色办学的灵魂，对具体的高校的具体办学行为有着指导、引领和规范作用。办学理念是根据时代的发展不断创新的，它的确立既要遵循一般教育规律，又不能太过于墨守成规。办学特色要蕴涵在办学理念的各个方面，在学校的办学定位上尤其突出。办学特色不仅仅体现在学校定位上，而且也会体现在学校的发展模式与战略选择上[95]。

第二，办学行为。在办学理念的指导下所开展的教育教学实践活动就是办学行为。高等学校以人才培养的实现为主要目标，紧紧围绕大学“人才培养、科学研究和社会服务”三大功能开展的各项活动是大学的办学行为[96]。学科专业建设是大学最重要的办学行为，对人才培养的质量有决定性作用，对学校科学研究的能力和服务社会的水平也有重要的影响。服务地方是大学内涵式发展的重要目标，是高等学校办学行为的重要任务，也是学校实现自身价值的主要载体，取得社会认可的主要途径。不论是服务地方还是人才培养都与高校所采用的教学内容、方法与手段息息相关，因此，队伍建设是大学的办学行为保障，高质量的师资队伍才能保证高质量人才培养和高水平科学研究。

第三，学校文化。从广义上来说，学校文化指的是学校在长期办学过程中所形成的，能够获得学校绝大多数成员认同并共同遵循的价值观念和行为规范[97]。学校文化主要指制度文化和环境文化，其中，制度文化又可以分为校外制度影响与校内制度体系，环境文化也可以细分为学校内部文化活动、校园环境与校外文化[98]。办学特色是在一定的文化环境培育下，通过不断的传承发展而形成的，因此，学校文化是学校特色发展的基础。

2.4.2 科学发展

高等教育内涵式发展要追求科学发展的目标，实现这一目标，必须保证高等教育内涵式发展的适合性、战略性和以人为本的性质。要保证高等教育内涵式发展实现科学发展的目标，首先，要保证高等教育内涵式发展对内外部两方面都是适合的，高等教育内涵式发展必须与大学使命相一致，不仅要适应社会经济发展的需要，而且要满足学生全面发展和就业需要，良好的高等教育内涵式发展能够发挥真正的外部性效果。同时，高等教育内涵式发展也应当结合自身资源、传统和承载力，取长补短，确定自身的发展定位。其次，高等教育内涵式发展需要有战略性，必须从全局着眼，用开放的胸襟和敏锐的视角去看待当代大学的发展，在竞争中求发展，在发展中与时俱进，不断调整，朝着更高的目标迈进。第三，高等教育内涵式发展必须本着以人为本的原则，必须以教师和学生为根本，高等教育内涵式发展的根基在于学科建设和人才培养，要建设优质的学科和培养优秀的人才，都和教师学生分不开，要实现高等教育内涵式发展的目标，必须充分考虑在科学发展目标中的以人为本。

2.4.3 协调发展

高等教育内涵式发展的重点之一是坚持规模、质量、效益、结构的协调发展。在近几年高等教育持续走热的情况下，学校压缩并逐年稳定本科生规模，以质量求生存；逐步扩大研究生规模，以内涵求发展。高等教育内涵式发展的协调发展是建立在特色发展和科学发展的基础之上的。特色科学的展目标追求的是特殊性、适合性、战略性和以人为本，这些目标在很多情况下不能同时满足，为了使高等教育内涵式发展朝着规模、质量、效益、结构多赢的方向发展，必须协调好各个发展目标之间的关系。同时，也必须协调好高等教育内涵式发展过程中改革、发展和稳定之间的关系。大学的内涵式发展必须在高层次上追求协调发展目标，才能实现真正意义上的高等教育内涵式发展。

第 3 章

城市体系结构研究

3.1

城市体系结构

3.1.1 城市体系结构的内涵

城市是劳动分工和协作的产物，是现代人类社会走向成熟和文明的重要标志。在城市发展的过程中，几个性质、规模和类型不同的城市之间可以通过行政区划、经济联系、历史文化等原因，在一定的区域内以一个或者多个城市为核心，相互联系、相互作用而形成城市群。城市体系正是在这样的基础上由不同等级规模、不同空间结构和不同职能的城市之间互相关联、互相作用而形成的有机整体。

城市体系是区域经济社会发展到一定阶段的产物，对于区域经济社会发展具有明显的推动作用。城市人口集中和分散形成了城市体系结构，城市人口集中表现出中心城市的拉动作用，吸引人口向城市集聚，这样的城市体系有明显的中心城市，等级结构严格；城市人口分散则指的是区域内没有人口明显集聚，不存在中心城市，每个城市等级差不多，功能相互补充。在城市体系结构的研究中，一般采用集中度指数、不平等指数、首位度指数和平均集中率指数。

1960 年，美国地理学家邓肯在他的著作《大都市与区域》中首次提出了城市体系。1990 年以后，城市体系的概念开始在我国得到较多的使用，学者们从不同研究角度对这一概念进行了阐释。姚士谋认为，城市体系是多个城市个体以自然环境或者交通运输网络为依托形成的以一个或者两个城市为区域经济中心的城市集合体[99]。顾朝林认为，在城市体系中，各城市的规模和职能可以不同，但是在时空地域上互相联系[100]。叶禹赞认为，体系中，职能和规模不同的城市是通过空间布局来产生相互关联的[101]。许学强等认为，城市体系中每个城市的等级规模不同，职能分工也不同，但是这些城市之间联系紧密，互相依存[102]。宋俊岭认为，城市体系是在一个完整的区域内的城市因为规模和职能各不相同，城市之间紧密联合、相互依存而组成的一个城市的集合[103]。

有部分专家和学者综合了城市体系的定义，比如徐元正认为，城市体系是“一个国家或一个地区各种规模、各种类型城市的空间分布结构的有机整体；城市体系是经济社会发展的产物；只有当城市发展到一定数量，城市地区专业化分工和城市之间的经济往来和联系发展到一定程度，才具有了城市体系形成的客观基础，而城市体系一旦形成，它对整个城市群体的发展起着重要的制约和平衡作用”[104]。饶会林认为，城市体系是指“一定区域内的大、中、小城市之间的结构关系，即构成一个区域或国家的相互依赖、相互作用的城市组合；这些城市作为一个系统的相互作用，不仅创造了一个国家或区域增长和发展的格局，也形成了这种格局的空间特征，被称为金字塔分层结构”[105]。从他们对于城市体系的定义来看，在城市体系的基本内涵上基本上能够达到统一，都是认为城市体系是由一组处于不同空间的，规模和职能存在区别，但是内部联系紧密，相互依存的城市构成的。

从传统上城市体系研究看，城市体系主要分为三个层次：城市体系等级规模（也称作城市等级结构或者城市规模结构）、城市体系地域空间结构和城市体系职能结构[106]。其中，城市体系的地域空间结构是由城市等级规模和城市职能类型在区域内空间组后的结果和主要的表现形式，这两种结构也直接决定了城市地域空间结构的特征[107]。

3.1.2 国内外对城市体系结构研究的相关理论和研究动态

在国外，西方学者对于城市体系的研究开始得最早，在理论和方法上都有明显的进步，已经形成较为成熟的理论体系，所涉及的学科也非常多。20 世纪，英国著名的城市学家霍华德最早从城市群的角度，提出了“田园城市”的模式，提出了“城市—农村”的结构，这一模式后来得到了英国建造师恩温的认可，并仅有发展出了“卫星城”理论，并在许多城市的规划和设计中得到了广泛的应用。人文主义规划大师，西方区域综合研究和区域规划的创始人盖迪斯在《进化中的城市》中首创了区域规划的综合研究方法，极具洞察力地预见了城市经过不断的扩大和发展最终有可能出现城市群，甚至是世界城市。泰勒提出的中心论认为，市场、交通和行政对于中心城市体系形成具有重要作用，在三者的作用下中心地呈现出不同的结构。廖什考虑市场网和市场区的影响，认为泰勒所提出的“均质平原”和“均质竞争”是不存在的，并由此提出了工业区位论。

第二次世界大战后，大量的社会和经济研究学者对城市体系展开了研究，并发展出一系列理论。美国经济学家维宁从经济学的角度对城市体系进行了研究，撰写了一系列关于区域体系和经济增长方面的论文，从理论上论证了城市体系的合理性，维宁也因此成为城市体系研究的先驱。著名的发展经济学家赫希曼提出的“极化增长”学说、阿隆索的“核心—边缘模式”及其模拟的城市体系的运作过以及罗斯托的“经济增长阶段学说”都极大地丰富和发展了城市体系研究的理论基础。20 世纪 50 年代，瑞典学者哈哥斯特朗提出了“现代空间扩散理论”以及“波状扩散、辐射扩散、等级扩散和跳跃扩散”等扩散形式并建与城市体系形成呈现出相对应的关系。在城市体系研究方面，1985 年，霍尔等人在《未来的城市形态新技术的影响》一书中新技术对于经济的影响从而影响城市的发展。法国著名学者沙切尔等人对世界城市的功能进行了分类并指出他们的特征。在西蒙斯将城市划分为原材料出口模式、前缘带商业模式、工业专门化模式和社会变动模式四种，耶兹以此为基础建立了城市群体空间演化过程的模型。新经济地理学最初源于克鲁格曼的“城市区位”研究，主要代表人物还有日本的藤田昌久。以克鲁格曼和藤田昌久为代表的新经济地理学，在新贸易理论的支撑下，从规模经济、运输成本、报酬递增和路径依赖的角度出发，解释了城市体系形成和发展的原因。

国内对于城市体系的研究相比西方学者要晚得多，在研究的方法上也主要侧重于西方理论的引进、验证。率先开始城市体系研究的是中国科学研究院的一些地理研究所以及部分高校的地理院系先后研究了辽中南、京津唐、湘东和长春地区等经济区域的城市体系。在此之后，一些学者陆陆续续地展开了对于内陆地区和一些沿海省份的城市体系的研究。其中，宋家泰、顾朝林将在《地理学报》上发表的《城镇体系规划的理论与方法初探》一文中提出了城市体系的“三结构一网络”，他们将城市体系地域组织结构归纳为城市体系地域空间结构、等级规模结构、职能类型结构和网络系统四种，这也是城市体系在规划实践的典范[108]。

3.2 城市体系的职能结构

3.2.1 城市体系职能结构的内涵

在国家和区域经济社会发展过程中城市的作用不容忽视，城市职能指的就是城市在经济社会发展中承担分工和任务的功能，表现出城市的发展状况。一般来说，城市的基本职能有政治、经济和文化三种，城市的政治职能指的是城市在行政管理中所起到的作用，如首都、省会和首府等；城市的经济职能指的是城市在经济发展过程中所起到的作用，如金融中心、贸易中心等；城市的文化职能指的是城市在文化发展和传承中起到的作用，如北京、西安和洛阳在我国历史上都是重要的文化城市。

城市体系职能结构指的是各个城市在城市体系中承担的职能、构成及相互关系。在一定的区域内，各个城市承担不同职能是城市体系职能结构形成的基础，各个城市由于区位不同、历史条件、发展条件等的不同形成了不同的城市职能构成了不同的城市体系职能结构。因此，对城市职能进行分类，探讨不同城市的职能特征对于研究城市体系职能结构具有重要意义。通常城市职能可以分为一般职能和特殊职能两种，一般职能指的就是每个城市都应该具备的职能，如生产、流通、运输、教育、卫生、政治、经济等职能；特殊职能指的是由于区位、历史原因等特殊原因城市所承担的具有地区特点的、突出的职能。

3.2.2 国内外对城市体系职能结构研究的相关理论和研究动态

国外对于城市体系职能结构的研究最早可以追溯到20世纪初，英国的地理学家奥隆索最先开始了对于城市体系职能结构的研究。1921年，奥隆索通过分析城市在城市体系发展中所起的作用来判断城市在城市体系中所承担的职能，通过一般性描述的方法对城市的职能进行了分类，将城市分为生产城市、文化城市、防务城市、交通城市、娱乐城市和行政城市留个大类，每个大类又细分为多个小类。这一分类也得到了日本学者西田和四郎的认同，他们所做的分类也基本上与奥隆索相同。1926年，日本学者小川琢治从历史的角度把日本的城市划分为城下町、宿场町、市场町和门前町等。从以上分类来看，对于城市职能的分类基本上都是基于城市的特点，基本上都属于定性的描述，并没有定量的依据或者标准，因此对于城市职能的分类也表现出明显的主观性和任意性，因此所反映的城市职能准确性也较差。

20 世纪 30 年代以后，许多学科都开始涉及城市体系职能研究，城市体系职能已经成为经济学、地理学和社会学等学科的研究热点，这一时期出现的许多研究成果丰富多彩。亚历山大在他的著作《城市设计的新理论》中继承和发展了萨姆巴特关于城市“基本职能”和“非基本职能”的定义，他认为城市的经济基础对于城市的成长和发展至关重要，城市的职能可以细分为“城市形成生产”和“城市服务生产”两种，城市职能与城市、区域经济社会发展关系紧密，他同时指出人口规模、城市生产能力能够推动城市职能的转变。而美国学者哈里斯则继承和发展了奥隆索的关于城市职能的一般性描述分类法，提出了城市职能的统计描述法，通过统计描述法将美国 605 个城市分为 10 类，并给出了其中 8 类城市的具体数量指标，与前人定性分析城市职能的方法相比，哈里斯定性与定量结合，对于城市主导职能分类更加准确，并具有一定的可操作性，但是哈里斯的研究仍然无法摆脱主观性的影响。1953 年，新西兰学者波纳尔和纳尔逊在城市职能的研究中引入了区位商，并运用统计分析的方法对城市职能分类做了进一步的科学探讨。除此之外，日本学者小笠原义根据城市职能制定了日本标准型的职工构成，美国学者韦伯运用职能指数和专业化指数对城市的职能进行了分类。

20 世纪 60 年代以后，对于城市职能的分类主要是以定量描述为主，并从单指标描述逐渐转向了多指标和多变量。其中，麦克斯维尔采用了多变量的经济统计分析对城市职能进行分类，实现了城市职能的多层次、多变量的划分。1975 年，美国地理学家卡特总结归纳了前期关于城市职能的分类方法，主要有一般性描述、统计描述、统计分析、经济统计分析和多变量分析等五种。纵观整个发展的历程，每一种分类方式都是对于前一种方法的发展和延续。目前国外关于城市职能的研究还有很多，但是从研究的成果的整体来看，研究者的研究角度很多，采取的标准也没有统一，学科特色明显但是也存在一定的主观任意性。

3.3 城市体系等级规模结构

3.3.1 城市体系等级规模结构的概念及内涵

城市等级规模结构，是因为在当今区域发展中占据重要的位置，它不仅是区域的管理中心、服务中心，而且还是一个区域经济增长的中心。它在政治、经济、社会、科教、文化、信息、卫生等等方面发挥着领导和组织的重要作用。城市在满足自身和人口的生产生活需要的同时，必然会与其腹地和其他城市发生各种联系，在这种相互联系，相互作用的过程中，不同城市间的等级与规模随之而产生。

不同城市的等级与规模结构，决定了不同层次城市的发展与进步。小城市提供的生产和服务种类少、级别低、范围小；而大城市提供的生产和服务种类多、级别高、范围大。要研究一个城市，首先必须从这个城市所处的城市等级与规模结构开始，只有确定了城市所处的等级与规模结构，才能为后续的城市发展研究打下基础。这也是研究城市等级与规模结构的意义所在。

3.3.2 国内外对城市体系等级规模结构研究的相关理论和研究动态

第一，中心地理论。中心地理论或者“中心地学说”，是在对城市的空间组织或者布局进行研究时，确定城镇体系的最优选择的一种城市空间区位理论。1933 年当时西欧的工业化及城市化正处于快速发展时期，德国的地理学家克里斯泰勒（W. Christaller）首先提出使用了中心地理论。在对当时德国南部的城市、中心集聚地进行调查研究后，克里斯塔勒发现特定区域的中心地在其职能、规模大小及空间分布上呈现出规律性，在市场情况、交通体系和行政职能的影响下中心地的空间分布会形成不一样的系统。他采用六边形探讨特定区域内城镇在等级规模、数量与职能之间的关系和空间形态规律，并对此加以概括。在市场、交通与行政这三个制约因素中，在以市场因素为主的地区，中心地以便于以提供商品、进行服务为原则进行分布。受均衡模式的影响，每个 C 级中心地通过 6 个低一级的 L 级中心地实现对周边市场的商品和服务的提供。也就是每个 L 级中心地要接受由 3 个 C 级中心地提供的商品或服务。所有的 C 级中心地为 6 个 L 级中心地提供的总服务量是 2，加上 L 级中心地自身的 1 个服务量，使每个 C 级中心地有 3 个 L 级中心地服务量。在市场因素主导下，等级不同的中心地体系，有 L = 3 个序列，一个高级中心地下有 2 个低级中心地，分布成三角形。以交通因素为主导的地区，中心地的等级受交通制约，每个等级的中心地都理论上位于与高其一级的中心地形成的交通线上。不过根据均衡模式，两个 C 级中心地之间的交通线不能有 L 级中心地，与交通原则不相符，需要对这种模式进行模式。为了突出交通联系便捷性，克氏把位于六边形顶点的中心地分布在六条边的中点位置，是每级中心地的交通线都可以与低其一级的中心地相连，从而形成新的模式。每个 C 级中心地为 6 个 L 级中心地提供的总服务量是 3，加上 L 级中心地自身的 1 个服务量，使每个 C 级中心地有 4 个 L 级中心地服务量。在行政要素为主导的区域，中心地等级体系受行政原则的制约。克氏认为区别于市场要素或者交通要素主导下的中心地体系，在形成要素的影响下，每个低一级中心地只能受一个中心地管辖。在六边形中，共有 7 个行政中心，它们中的 1 个高级行政单位将行使对其他6个低级行政单位的管理权。此外，克氏还认为，高级中心地对远距离的交通要求大。因此，高级中心地按照交通原则布局，中级中心地按照行政原则作用较大，低级中心地的布局用市场原则解释比较合理。

第二，城市规模分布理论。

城市首位律（Law of the Primate City）。城市首位律，又称首位城市分布律。这是对一个国家、地区范围内，城镇规模分布规律的一种早期的概括。一国最大城市与第二位城市人口的比值，称为“首位度”。首位度大的城市分布称为“首位分布”。

1）首位度（二城市指数）。

$S_2 = P_1/P_2$（由杰斐逊提出的衡量城市规模分布的指数）

首位度能够在一定程度表示在城市体系中，最大城市的城市人口集聚程度。但这种观点不免太过绝对，因此，为了是首位度精细化，有学者先后提出了四城市指数和十一城市指数等衡量首位度的指标体系。

2）四城市指数。

$$S_4 = P_1/(P_2 + P_3 + P_4)$$

3）十一城市指数。

$$S_{11} = 2P_1/(P_2 + P_3 + \cdots + P_{11})$$

按照位序—规模的原理，正常的四城市指数和十一城市指数都应该是1，而两城市指数应该是2。

4）首位城市比。

$S = P_1/\sum P_i$（首位城市人口数与城镇人口总数之比）

一般来说，首位分布是一种原始的初级的城镇体系规模分布形式，往往是不发达国家或地区城镇体系的规模分布特点。（不发达国家，城市化水平较低，区域差异大，首位度大；发达国家，首位度一般较低，但面积较小的发达国家也有例外）。

城市金字塔。城市金字塔是一种图表形式分析区域城市规模分布的方法。在一个国家或区域中有许多大小不等的城市，可以按照城市规模大小划分不同的等级。规模大的城市等级，城市数量少；规模小的城市等级，城市数量多。

城市金字塔：将各个规模等级的城市数量，按从低到高的等级序列，用条形图表示出来。

城市金字塔的 K 值：

K = 下一规模等级的城市数/上一等级规模的城市数

对 K 值的认识：①中心地学说认为，K 值是常数；②也有人认为，K 值是变化的，规模级越高，K 值越大；规模级越低，K 值越小。

位序—规模法则（Pank - Size Rule）。最早对城市规模和城市规模位序的关系进行探索的是奥尔巴克（F. Auerbach），他在 1913 年对欧洲 5 国和美国城市规模分布后发现了城市规模等级的金字塔型分布规律——区域内的城市是按人口规模呈由大到小、由少到多有规律的序列分布，符合

$$P_iR_i = K$$

（P_i：人口规模位于第 i 位的城市人口数；R_i：第 i 位城市的位序；K：常数）

——正常情况下，城市首位度 = 2；四城市指数 = 1(1.0)；十一城市指数 = 1(0.95)。

1925 年罗特卡（A. J. Lotka）发现美国城市人口符合

$$P_iR_i^{0.93} = 5000000$$

他给出了一个比奥尔巴克的约束性方程能更好地拟合美国 1920 年的 100 个最大城市的模式。其贡献在于允许序位变量有一个指数。

1936 年辛格（H. W. Singer）进一步提出了一般公式：

$$\lg R_i = \lg K - q\lg P_i$$

即 $P_i^qR_i = K$ （q：指数）

位序—规模法则：1949 年捷夫（G. K. Zipf）综合杰斐逊和奥尔巴克关于规模分布的模式，提出了著名的“位序—规模法则”，其数学表达式为：

$P_r = \frac{P_1}{R}$（其中：P_r：第 r 组城市的人口；R：人口为 P_r 的城市的位序）

捷夫的模式不具有普遍意义，此后，艾奇逊（J. Aitchison）等人提出了修正模式：

$$P_i = \frac{P_1}{R_i^q} \text{或} P_i = P_1 \cdot R_i^{-q}$$（其中：q 为常数）

第三，中心—外围理论。

约翰·弗里德曼（John Friedmann）在对发展中国家城市空间规划进行长时间研究的基础上，提出了空间发展与规划理论体系，他提出的核心边缘理论是空间经济研究的主要工具。在吸收熊彼特创新思想的基础上，弗里德曼提出并建立了具有代表性的空间极化理论，它定义发展为单位创新群集聚汇成大规模创新体系的不连续的集聚过程，大城市体系的迅速发展往往也具备了有利于开展创新活动的良好条件。基于创新扩散的规律，即从大城市对周边外围地区逐步扩散，他提出了核心—外围理论。核心区作为地域中的社会组织单位系统，具备相对较高的创新变革的能力，周边外围区取决于与核心区之间的依存关系，它是由核心区决定的地域中的社会组织单位系统。完整的空间系统是由核心区与周边外围区共同组成，核心区居明显支配地位。

中心边缘理论作为能够对经济空间结构的演变模式进行解释的一种理论，他尝试对区域发展成为平衡协调发展的区域空间系统的复杂过程进行解释。

3.3.3 城市体系等级规模结构对城市体系职能结构的影响

前文提到，不同的城市等级规模结构，决定了不同层次的发展和进步。小城市提供的生产和服务种类少、级别低、范围小；而大城市提供的生产和服务种类多、级别高、范围大。不同等级规模结构的城市，在区域中发挥的作用也是不相同的，所能够提供的能量也是不同的。因此，一个区域的城市体系等级规模结构，能够影响一个地区的城市体系职能结构。一个在不断扩张、发展、完善的城市等级规模结构，必须配之以越来越完善和健全的城市体系职能结构，从城市体系职能结构的调整、优化，能够更进一步的促使和推进城市体系等级规模结构的提升。因此，从影响上来看，城市体系的等级规模结构和城市体系职能结构的影响作用是相互推进的，是彼此促进阶段上升的关系。因此，研究城市体系等级规模结构对城市体系职能结构有着重要的影响。

3.4 城市体系地域空间结构

3.4.1 城市体系地域空间结构的概念及内涵

城市地域空间结构分为城市地域结构和城市空间结构两个部分。城市地域结构，又称城市内部结构。现代城市是一个有动力的有机体，它是在一定空间范围内不断演变和发展的。城市在发展过程中，职能分化带动形态的分化形成城市内部空间布局，各个功能区有机地构成城市整体。城市空间结构是城市要素在空间范围内的分布和组合状态，是城市经济结构、社会结构的空间投影，是城市社会经济存在和发展的空间形式。城市空间结构一般表现在城市密度、城市布局和城市形态三种形式，因此，城市空间结构还有内部空间结构与外部空间结构之分。

从城市地域空间结构的概念我们可以明确的知道，必须充分考虑一个城市体系的地域结构和空间结构，才能在城市发展的过程中更好的利用城市的优势和长处，促进城市的特色和良性发展，而不是过分趋同发展快的经济体的发展模式。因此，研究城市地域空间结构从区域发展方向上考虑应该是首要需要研究的问题。

3.4.2 国内外对城市体系地域空间结构研究的相关理论和研究动态

第一，古典区位理论。

农业区位理论。首位提出农业区位理论的人是冯·杜能，他是德国经济学家，他的《孤立国》是第一部有关农业区位论的专著。杜能指出市场中农业经营中的产品和方式是由市场的农产品销售价格决定的，农产品的生产成本与运输成本共同构成了销售成本，农产品的生产总成本又是由运输费决定的。因此，经营者在要获得最大利润（P），最终由生产成本（V）、市场价格（S）和运输费用（J）共同决定，其间的变化关系可表示为：$P=S-(V+J)$。根据杜能理论提出的假设进行分析，全国各地商品和农产品的唯一可能销售市场是“孤立国”中的仅有的一座城市，因而仅有的一座城市市场对农产品的市场价格有唯一决定权。也就是，在一定的时间区间内，在“孤立国”进行销售的农产品其市场价格是固定的，即 S 是个常数。杜能还继续假定，“孤立国”中个地区具有条件完全相同的农业生产条件，因此，同一农产品在各地的生产成本也是固定的，即 V 也是个常数，S 与 V 的差也必然是常数。因此，上述的公式可写为 $P+J=V-S=K$，K 表示常数，可以解释为利润与运费的和是一个常数。这个公式的启示是只有将运费支出在可能情况下减少为最小，利润才能增至最大。因此，杜能提出的农业区位论针对的主要问题，就是合理布局，以达到农业生产运费最低，从而利润空间增至最大。

工业区位理论。阿尔申尔德·韦伯是工业区位理论的首位提出者。他的理论是通过分析和计算运输、劳动力及集聚因素之间相互作用，得出生产工业产品的最低成本点，从而配置理想的工业企业区位。以运输成本对工业区位分析进行定向，是以没有其他的因素影响为假设，仅分析运输与工业区位的关系。韦伯认为，工厂企业选择在原料与成品之间总运费最小的地方是必然的，因此，货物的运输距离和重量决定了运费的大小，即运费是因变量，货物的重量和距离是自变量，他们之间形成函数关系，运费与货物吨·公里成正比。对于货物重量，韦伯认为，货物的相对重量是原料与成品重量间的比例，比货物绝对重量更为重要。据此，他将工业用原料分为两类：一是普遍性原料，一般指在各处都有的原料，对工业区位的影响十分微弱；二是限制性原料，指只存在与在某些特定地点的原料，对工业区位有重大的影响。根据这种分类，韦伯提出了原料指数概念，用它来表示货物运输费用对确定工业区位的影响程度。原料指数为运输的限制性原料的总重量同成品总重量之间的比值，即：原料指数=限制性原料总的重量/成品总的重量。依据原料指数计算公式，能够得到不同类别原料在工业生产中的不同的原料指数。一般情况下，普遍性原料指数是0，纯限制性原料的指数为1，失重原料的指数大于1，限制性原料加普遍性原料其原料指数也可能大于1。综上所述，原料指数随限制性原料失重程度的增大而增大；原料指数随着普遍性原料的使用程度的增大而减小。因此，当原料指数不同，工业理想区位的确定要在货物原料、燃料及市场的最小运费点。

第二，区域协调理论。

循环因果累积理论。1957年，缪尔达尔在《经济理论和不发达地区》一书中利用“扩散效应”和“回流效应”解释说明了优先发展经济发达地区对于其他落后地区的影响，并在此基础上提出了“地理上的二元经济”结构理论。缪尔达尔认为，落后地区的发展要素在市场机制的作用下会主动向发达地区流动，因此发展慢的地区就会发展得更慢，发展快的地区更快发展，因果循环累积，最终形成地区二元经济结构，称之为“回流效应”。但是，发达地区在发展到一定程度以后，就会受到环境问题、资源短缺问题等原因的限制，由于集聚负效应不断增强，资本、技术和人才等向落后地区扩散，落后地区就会得到发展，因此就会产生“扩散效应”。

赫希曼的不平衡增长理论。1958 年，赫希曼在他的著作《经济发展战略》中提出，不平衡发展战略是规划发展的最佳方式。赫希曼的经济发展的空间非均衡性理论和缪尔达尔地区二元经济结构理论基本相同，他所提出的“极化效应”和“涓滴效应”也对应了缪尔达尔所提出的“回流效应”和“扩散效应”[109]。两者的理论存在的不同点在于：缪尔达尔认为回流效应总是远大于扩散效应，而赫希曼却认为，涓滴效应总是会超过极化效应，最终缩小区域之间的差异。除此之外，赫希曼还认为政府应该优先发展产品需求收入弹性和价格弹性最大的产业的项目，因为其产生的引致投资将快速推动的项目发展[110]。

增长极理论。最早提出“增长极”概念和理论是法国经济学家弗郎索瓦·佩鲁。他认为，所有地区和部门以相同强度增长是不可能的，因此有必要首先集中一部分资源发展一些创新能力较强、发展潜力较大的行业和主导部门。经过发展，这些主导部门和行业一般都可以成为某些地区或大城市的经济中心，这就产生了增长极。也就是说，在资本和技术相对集中、规模效益好、自身增长迅速的行业、部门和地区会逐渐成为增长点或增长极，辐射邻近地区，在增长极的带动和扩散作用下，相邻地区得到了有力发展，继而形成经济区域和经济网络[111]。

区域经济梯度推移理论。美国哈佛大学经济学家弗农等将工业生产周期理论引入到区域经济发展研究当中，逐渐发展成为区域经济梯度推移理论。该理论认为梯度推移过程在动态上通过极化效应和扩散效应来进行的，随着时间的推移以及生命周期阶段的变化，科技进步引发的创新活动会按顺序由高梯度地区向地梯度地区更新[112]。

威廉姆逊的倒“U”型理论。威廉姆逊将库兹涅炭的收入分配倒“U”型理论引入了区域经济发展，他通过实证分析指出，无论是截面分析还是时间序列分析，结果都表明，发展阶段与区域差异之间存在着倒“U”型关系[113]，基于此他提出了区域经济差异的倒“U”型理论。换言之，倒“U”型理论的特征在于均衡与增长之间的替代关系依时间的推移而呈非线性变化[114]（见图 3－1）。

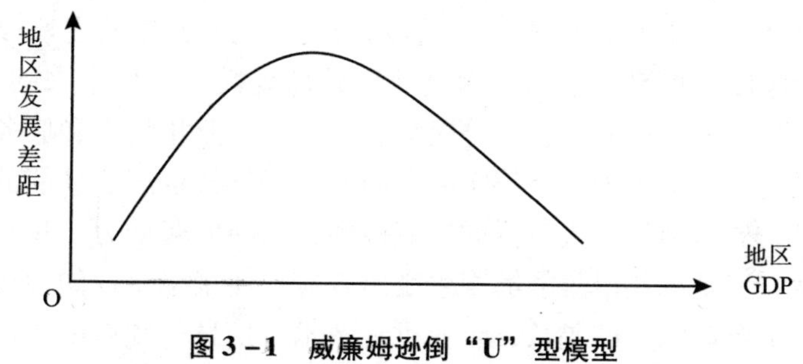

图 3－1 威廉姆逊倒“U”型模型

第三，区域空间结构理论。

1898 年，霍华德提出“田园城市”模式的城市规划设想，探讨了“城与乡”结合的城市化空间布局，设想以宽阔的农田林地环保美丽的人居环境，把积极的城市生活的一切优点同乡村的美丽和一切福利结合起来的生态城市模式[115]。这一理论后来与有机疏散理论相结合后发展成为了卫星城理论[116]，其影响一直延续到现在的城镇化布局实践，如加拿大、美国、澳大利亚等国城市的卫星城镇布局。

中心地理论。中心地理论是由德国城市地理学家克里斯泰勒提出的，他认为在市场原则、交通原则和行政原则三个原则的支配下，中心地等级规模体系形成六边形中心地网络。在这三个原则之中，市场原则是基础，适用于由市场及其市场区域构成的中世纪的中心地的商品供给情况，交通原则和行政原则可以根据在市场原则基础上形成的中心地系统进行修正。交通原则适用于如 19 世纪交通大发展时期，以及新开拓的殖民地国家，也适用于交通过境地带、聚落呈线状分布区域或者新开发区。行政原则适用于具有强大统治机构的绝对主义时代，或者像社会主义国家以行政组织为基础的社会生活。在不同的原则支配下，中心地呈现出不同的结构，而且中心地和市场区大小等级顺序有着严格的规定，即按照所谓K值排列形成有规则的、严密的系列[117]。

产业区位理论。马歇尔最早对产业空间集聚效应进行研究，并将集聚区称为“产业区域”。马歇尔指出，地方性工业之所以能够在产业区域内集聚，根本原因是获取外部规模经济所带来的收益，主要可归结为三个方面：一是聚集能够促进专业化投入和服务的发展；二是企业聚集于一个特定的空间能够提供特定产业技能的劳动力市场，从而确保工人较低的失业概率，并降低劳动力出现短缺的可能性；三是产业聚集能够产生溢出效应，使聚集企业的生产函数优于单个企业的生产函数，企业可从技术、信息等领域的溢出效应中获益。韦伯在《工业区位论》一书中，首次提出了聚集的概念，并从微观企业区位选址的角度提出了产业区位理论。从企业最小生产成本出发，认为费用最小区位是最好的区位，而聚集能使企业获得成本节约，阐明了企业是否相互靠近取决于聚集的好处与成本的比较。他把区位因素分为区域因素和聚集因素，其中聚集因素可以分为两个阶段：第一阶段，通过企业自身的扩大而产生聚集优势，这是初级阶段；而第二阶段则是各个企业通过相互联系的组织而实现地方工业化，这是高级聚集阶段[118]。胡佛在其1948年出版的《经济活动的区位中心》一书中，将集聚经济视为生产区位的一个变量，并把企业群落产生的规模经济定义为某产业在特定地区的集聚体所形成的规模经济。胡佛的主要贡献在于指出产业集聚存在一个最佳的规模，如果集聚企业太少，则因集聚规模太小而达不到集聚能产生的最佳效果；如果集聚企业太多，则可能由于某些方面的原因使集聚区的整体效应反而下降。

圈层结构理论。面对世界大城市发展迅猛的趋势，在古典区位理论和现代区域空间结构理论的基础上，逐渐建立起了圈层结构理论。该理论认为，在社会分工高度分化和商品经济的高速发展的背景下，城市和区域逐步发展成为相互依存、互补互利的有机整体，区域是城市生存和发展的关键区域，对区域有辐射功能[119]。但是，城市的辐射功能受到“距离衰减律”法则的制约，在整个区域形成了以城市为核心的圈层状的空间分布结构；城市空间发展也是以圈层扩展的方式进行的。在经济活动周期性波动的作用下，城市空间发展呈现出周期性变动，或许在各个方向上周期并不均等，尤其是在交通干道沿线扩展速度最快具有明显的方向性[120]。

空间相互作用理论。城市作为区域的中心，并不是孤立存在的，城市与城市、城市与区域之间是通过交通、通讯等手段不断地进行着人口、技术、货物、信息、服务、金融等的交换而相互联系、相互作用、相互影响的，最终形成了一个具有一定功能和结构的有机整体[121]。该理论认为，城市与城市、城市与区域之间长期的相互关联和影响促进了城市体系空间结构逐步形成和发展。同时，城市体系空间结构发展也表现出了明显的阶段性。随着生产力水平不断提高，在城市体系空间结构形成中自然因素的作用越来越小，城市区域发展逐步进入成熟阶段[122]。在市场的条件下，交通网络体系和通信网络体系给各种要素在城市之间自由流动创造了很好的条件，城市间作用力也由此达到最大，城市体系空间结构趋于稳定。

3.4.3　城市体系地域空间结构对城市体系职能结构的影响

城市体系地域空间结构首先从地域结构上形成了一个城市或城市体系的独特发展优势，不同的城市依据不同的地域结构进行空间布局，从而形成了不同的空间结构。不同的地域空间结构在对影响城市体系的发展特色和发展潜力的同时，也在一定程度上激发了城市体系职能结构的改变和调整完善。不同的城市地域空间结构决定了一个城市的发展优势和劣势，因此，城市体系职能结构必须相应的取长补短，发挥城市的发展优势，减少劣势对城市发展的限制。从这个意义上来看，城市体系职能结构是与城市地域空间结构相依托的，一个城市体系的地域空间结构直接影响着一个城市体系的职能结构。

第4章

广西区位、经济、社会发展特征与城市体系结构

4.1 广西的区位特征

4.1.1 地理位置

广西的全称是广西壮族自治区，首府在南宁，简称“桂”。广西壮族自治区位于中国西南部，北纬20°54′~26°24′，东经104°26′~112°04′，陆地区域总面积23.67万平方公里。广西地貌总体是山地丘陵性盆地地貌，呈盆地状，四周多山地与高原，而中部与南部多为平地，地势自西北向东南倾斜，西北与东南之间呈盆地状，素有“广西盆地”之称。其特征表现为山系多呈弧形，层层相套；盆地大小相杂；丘陵错综；平地（山前平原、包括谷地、河谷平原、三角洲及低平台山）和喀斯特地貌广布。广西南临北部湾，大陆海岸东起合浦县的洗米河口，西至中越交界的北仑河口，其大陆海岸线约1595公里，岛屿岸线461公里。广西近海滩面积达1005平方公里，0~20米的浅海广阔，面积达6488平方公里。此外，广西沿海有697个岛屿，总面积大约有84平方公里，其中最大的涠洲岛面积约28平方公里。

广西地处云贵高原的东南边缘，与海南隔海相望，与湖南、贵州、广东、云南还有越南相邻，国境线全长800多公里，海岸线长度约1500公里，陆地面积23.666万平方公里，大陆海岸线长1595公里，岛屿697座，岛屿海岸线长604.5公里。广西位于中国的西南部，从东到西分别和广东、湖南、贵州和云南接壤，地理位置优越，是西部大开发的十二省之一。怀抱北部湾，面向东南亚，毗邻越南，是西南地区最快捷的出海通道，在中国与东南亚的经济交往中地理优势明显，是中国—东盟自贸区的桥头堡。广西是重要的少数民族聚居区，是中国五个少数民族自治区之一区内聚居着壮、汉、瑶、苗、侗等民族，汉语言有粤语、桂柳话、平话等，少数民族的语言有壮语等。

广西下辖南宁市、柳州市、桂林市、梧州市、贺州市、钦州市、北海市、玉林市、贵港市、防城港市、百色市、河池市、来宾市和崇左市等14个地级市，以及东兴市（属防城港市）、宜州市（属河池市）、北流市（属玉林市）、凭祥市（属崇左市）、岑溪市（属梧州市）、合山市（属来宾市）、桂平市（属贵港市）等7个县级市。

4.1.2 自然资源

矿产资源：广西的矿产资源丰富，矿产资源种类繁多，储量较大。其中，以有色金属矿产最为丰富，是中国十个重点有色金属产区之一。目前在广西境内已经发现了钨、锌、锰、铝、银等145种矿种，其中有97种矿产的藏储量已经探明，有一部分矿产的藏储量更是位于全国，64个矿种的矿产藏储量列在全国前十位，47种个矿种的矿产藏储量居全国前五位，14个矿种的矿产藏储量居于全国首位，甚至是世界前列，所以广西也被称为“有色金属之乡”。在分布上，桂东地区主要产银、钽、钛等矿产；桂西地区主要分布铝土矿和金等矿产；桂北地区分布的矿种较多，其中以汞、银、锡、锑、硫铁矿、铅、锌、滑石等矿产最为著名；桂南地区主要分布锰、稀土、花岗石等矿产；桂中地区则以石灰岩、白云岩、重晶石等矿产为主。

动植物资源：广西植物资源丰富，已知有289科、1670多属、6000多种，野生植物8354种，居全国第3位。其中，乔木、亚乔木有120科、480多属、1800多种。国家公布濒危保护植物389种，广西占有113种，其中国家一级重点保护植物37种，著名的珍稀植物有金花茶、银杉等。在分布上，桂西南地区气候为亚热带大陆性季风气候，高温多湿的热区和南亚热带常绿阔叶季雨林中分布了大量的植物，除此之外在六韶山、六万大山、大瑶山、九万大山、十万大山、大容山、大明山、元宝山等山地，以及桂北地区兴安、龙胜花坪林区、资源的猫儿山自然保护区等植物资源丰富。在动物资源方面，根据调查和文献记载，广西境内目前已经发现陆栖脊椎野生动物929种，其中属全国重点保护的珍稀动物149种，占全国总数的44.5%；鸟类530种，占全国总数的44.7%；兽类113种，占全国总数的25.1%；两栖类152种，占全国总数的47.5%。除此之外，有24种一级保护野生动物，二级保护野生动物119种，还有大量经济药用、观赏动物。

旅游资源：广西一共有3处国家级风景名胜区即漓江风景名胜区、桂平西山风景名胜区、宁明花山风景名胜区，有7处国家级历史文物保护单位，有11个国家级森林公园，29处自治区级风景名胜区，220处自治区级历史文物保护单位，有1个国家级旅游度假区，即北海银滩旅游度假区。广西有11个地级市和2个地级市获得了“中国优秀旅游城市”，其中桂林国际旅游胜地已经列入国家战略层面。除此之外，广西喀斯特地貌分布广泛，其中，桂林喀斯特入选世界自然遗产名录；峰林是发育完美的热带岩溶地貌的典型代表，桂林、阳朔一带的石灰岩峰林曾被明代旅行家徐霞客誉为“碧莲玉笋世界”；广西洞穴众多且景观优美，素有“无山不洞，无洞不奇”之称，据统计广西溶洞约有10万个；广西历史悠久，经国务院和自治区政府颁发的重点文物保护单位就有140余处。

海洋资源：广西的海洋资源丰富。广西沿海地区处于中国海域面积约12.93万平方公里，大陆海岸线长约1500公里，整个北部湾由东北向西南逐渐倾斜，倾斜度不到2°，海底平坦，水深一般在20~50米之间，最深不超过90米。锌、汞、金、煤、泥炭、铝、锡、石灰石、钛铁矿、花岗岩、石英砂、陶土、石膏等海洋矿产资源亦达到20多种。北部湾盆地、合浦盆地和莺歌海盆地三个含油沉积盆地蕴藏着丰富的天然气资源、海洋石油和其他盐化工资源，此外淡水资源和海洋能源资源也较为丰富。广西除了与广东、海南、越南等共同拥有北部湾及南海海域空间资源之外，广西自身拥有的浅海和滩涂共7500平方公里。但是，就目前这些资源的利用状况来看，资源利用率相当低，发展海洋产业大有可为。广西港湾众多，具备了建设大西南“门户”的港口条件。广西曲折的海岸线和众多的港湾水道使广西沿海有天然港群之称。广西北部湾是西南地区最便捷的出海通道，广西北部湾经济区海岸线曲折海岸线长1500多公里，深水条件好，天然港湾众多，据初步估计，可建120个以上的万吨级深水泊位，开发后年吞吐量可达1.4亿吨的能力。广西北部湾的鱼类、虾类、贝类、头足类、蟹类、藻类等海洋生物资源极其丰富。海洋生物众多，是中国著名的四大热带渔场之一，鱼类资源有500多种，虾蟹类有220多种；浅海有主要经济鱼类50多种，经济虾蟹类10多种。广西位于北部湾潮波系统的波腹区，潮差大，潮能蕴藏丰富，开发利用的条件良好，此外还有潮流能、海流能和波浪能都具有开发的价值。

生态环境资源：从2010年的中国生态环境状况报告来看，广西14个地级市的生态环境状况指数全部都低于95，生态环境状况全部都达到良以上，尤其是桂林、柳州、防城港、玉林、钦州、贵港、梧州、贺州和来宾等9个城市的生态环境状况达到优级水平。区内拥有众多山区林地、沿海红树林、丰富的水网，发挥着优良的生态服务功能。除此之外，作为沿海省份，广西目前的近海水质都保持得非常好，适宜居住、旅游和休闲度假。广西北部湾为内凹湾区，雷州半岛和海南岛是其天然屏障，阻挡了台风的正面登陆，风暴潮危害较福建、浙江、广东等东南沿海地区少。

4.1.3　区位优势

作为沿边、沿海、沿江的省份，广西区位优势明显，广西地处中国大陆东、中、西三个地带的交汇点，位于东盟经济圈、西南经济圈与华南经济圈的结合部，与东盟不但有陆地接壤而且有便捷的海上通道，是中国通往东盟最便捷的国际大通道，也是联结粤港澳与西部地区的重要通道。尤其是在中国—东盟自由贸易区建立之后，广西已经成为中国西南地区、华南地区和中南地区连接东盟大市场的贸易枢纽，坐拥6.2亿人口的东盟（截至2013年）和4.8亿人口的泛珠三角经济圈（截至2013年）两个大市场中，将发挥接合部的重要战略作用。

沿海优势。广西大陆海岸线长1595公里，但是直线距离只有185公里，仅为海岸线总长的11.6%，海岸线曲折。广西港口天然条件好，沿海的港口具有水深、避风、浪小等自然特点，都是建设港口的优良条件。广西沿岸不仅有钦州港、防城港、三娘港、铁山港、廉州港、珍珠港等较大的港湾，而且还有大小港口21个，形成"天然港群海岸"。其中，防城港、钦州港、北海港、珍珠港和铁山港等5个港口都具备建设泊靠能力万吨以上的开发条件，最终开发潜力有可能达到年吞吐能力2亿吨以上。另外，广西的港口距离东南亚国家和港澳地区都比较近，其中，钦州港距离新加坡港1338海里，防城港距离泰国曼谷港1439海里，距离越南海防港最近仅有151海里，北海港距离香港港425海里。

沿边优势。广西有8个县（市）与越南接壤，现有边境口岸12个，其中东兴、凭祥、友谊关、水口、龙邦等5个口岸为国家一类口岸，另外还有25个边民互市贸易点，各边境口岸和边贸点都有公路相通。从凭祥市友谊关至越南谅山市仅18公里，到越南首都河内市180公里。湘桂铁路与越南铁路连接，火车可直达河内市。广西沿边的开放，为中国与越南及东南亚国家的直接贸易，双边、多边或转口贸易，发展出口加工，提供了一块理想的黄金宝地。

沿江优势。广西的境内河流总长约3.4万公里，集水面积1000平方公里以上，其中地表河有69条，水域面积约有8026平方公里，是陆地总面积的3.4%，另有喀斯特地下河433条。河流大多是沿着地势，从西北向东南流的，整体上形成了以红水河为主干流、两侧分布支流的树枝状水系，河流水量大，水力资源充沛，已经建有多座水电站。西江是区内最大的河流，与湘江间有秦时开凿的灵渠相通，灵渠是历史上沟通长江流域与珠江流域的重要通道。珠江水系的西江，纵横广西境内梧州、贵港等城市，西通云南、贵州，东经广州出海，西江的年径流量是黄河的5倍，德国莱茵河的4.5倍。西江水道是连接云南、贵州内河通向广东及港澳地区的一条“黄金水道”。广西内河河流总长4.45万公里，依托这些河流，规划建设南宁港、贵港港、梧州港、柳州港、来宾港、百色港、崇左港、桂林港、河池港、玉林港和贺州港共11个内河港口。其中，南宁港、贵港港和梧州港为全国内河主要港口，柳州港、来宾港、百色港和崇左港为广西地区性重要港口，其余为一般性港口。内河生产性泊位469个，千吨级泊位111个，设计年通过能力为：货物综合通过能力8502万吨，其中货物7585万吨、集装箱109万TEU，旅客1583万人。内河港口完成货物吞吐量10662万吨，比上年增长12.28%。

北部湾经济区。2008年1月，国家批准实施《广西北部湾经济区发展规划》，设立广西北部湾经济区（以下简称“北部湾经济区”）。北部湾经济区由南宁、北海、钦州、防城港四市所辖行政区域组成，陆地国土面积4.25万平方公里，占广西土地面积的17.9%，2009年末常住人口1271.73万人，占广西年末常住人口的26.2%。北部湾经济区岸线、土地、淡水、海洋、农林、旅游等资源丰富，环境容量较大，生态系统优良，人口承载力较高，开发密度较低，发展潜力较大，是中国沿海地区规划布局新的现代化港口群、产业群和建设高质量宜居城市的重要区域。

交通条件。广西境内的公路、铁路、海运、航空等交通基础设施建设都属于全国中等水平。公路方面，截至 2010 年，广西区的公路总里程已经达到了 101782 公里，在这之中高速公路有 2574 公里、一级公路有 876 公里、二级公路有 8646 公里，公路总里程和高速公路总里程在西部地区中分别排第 9 位和第 4 位，在全国各省（自治区、直辖市）中仅列第 21 位和 15 位。铁路方面，广西境内目前已有南防铁路、南广高铁、南昆铁路、云桂高铁、焦柳铁路、贵广高铁、湘桂高铁、洛湛铁路、南凭高铁、湘桂铁路、黔桂铁路、黎湛铁路、钦黎铁路、钦北铁路、柳南城际铁路和广西沿海城际铁路。海运方面，到 2010 年，广西区共有 648 个港口生产性泊位，港口泊位综合通过能力达到 1.82 亿吨，全年完成港口货物吞吐量 1.86 亿吨，其中北部湾港的货物吞吐量已经达到了 1.2 亿吨，正式成为亿吨大港。民航方面，现已建成六座机场：包括南宁吴圩国际机场、柳州白莲机场、桂林两江国际机场、梧州长洲岛机场、北海福成机场和百色田阳机场，另有三座在建和规划建设机场。

4.2 广西的经济社会发展状况

4.2.1　经济增长速度较快，三次产业协调发展

21 世纪以来，广西的各项经济事业都取得明显的进步，经济发展增速快，基本上每年都能够保持 GDP 平均 9% 的增长速度，人均生产总值显著增加，经济实力已经得到了大幅度的提高。2013 年，广西全区的 GDP 已经达到了 14378 亿元，比上一年增长了 1343 亿元，比上一年增长了 10.2%（见表 4－1）。

表 4 - 1　　广西生产总值（1990 ~ 2012 年）　　单位：亿元

年份	广西生产总值	第一产业	第二产业	第三产业	人均地区生产总值（元/人）
2000	2080.04	557.38	732.76	789.90	4652
2001	2279.34	576.34	771.18	931.82	5058
2002	2523.73	601.99	846.89	1074.85	5558
2003	2821.11	658.78	984.08	1178.25	6169
2004	3433.50	817.88	1253.70	1361.92	7461
2005	3984.10	912.50	1510.68	1560.92	8590
2006	4746.16	1032.47	1878.56	1835.12	10121
2007	5823.41	1241.35	2425.29	2156.76	12277
2008	7021.00	1453.75	3037.74	2529.51	14652
2009	7759.16	1458.49	3381.54	2919.13	16045
2010	9569.85	1675.06	4511.68	3383.11	20219
2011	11720.87	2047.23	5675.32	3998.33	25326
2012	13035.10	2172.37	6247.43	4615.30	27952
2013	14378.00	2343.57	6863.04	5171.39	30588

资料来源：广西统计局. 广西统计年鉴 2014 [M]. 北京：中国统计出版社. 2014.

从广西的生产总值指数来看，20 世纪 90 年代以来，第二和第三产业产业都保持较高的增速。其中，2013 年广西第一产业产值达到了 2343.57 亿元，比上一年增加了 4.3%；第二产业产值达到了 6863.04 亿元，比上一年增长了 11.9%；第三产业产值达到了 5171.39 亿元，比上一年增长了 10.2%（见表 4 - 2）。广西产业结构得到进一步优化，三次产业结构已经从 2000 年的 26.8∶35.2∶38.0 发展成为 2013 年的 17.5∶48.4∶34.1。

表 4 - 2　　广西生产总值指数（1990 ~ 2012 年）

年份	广西生产总值	第一产业	第二产业	第三产业	人均地区
2000	107.9	100.2	108.3	113.4	107.0
2001	108.3	103.4	108.0	111.8	107.4
2002	110.6	107.3	111.3	112.0	109.8
2003	110.2	104.0	114.6	110.0	109.4

续表

年份	广西生产总值	第一产业	第二产业	第三产业	人均地区
2004	111.8	105.4	117.1	110.7	111.1
2005	113.2	107.1	118.4	111.3	112.3
2006	113.6	106.5	119.3	112.1	112.3
2007	115.1	105.5	120.7	114.6	113.8
2008	112.8	104.9	117.4	111.8	111.7
2009	113.9	105.2	117.7	113.8	112.9
2010	114.2	104.6	120.5	111.1	113.9
2011	112.3	104.8	116.5	110.5	112.0
2012	111.3	105.6	114.2	109.8	110.4
2013	110.2	104.3	111.9	110.2	109.3

资料来源：广西统计局．广西统计年鉴 2014 ［M］．北京：中国统计出版社．2014.

从广西区三次产业贡献率来看，第二、第三产业是拉动广西经济发展的主要动力，其中第二产业的三次产业贡献率最高已经突破了 60%，第二产业在近几年基本上保持在 30% 的水平，第一产业的产业贡献率最低（见图 4 – 1）。21 世纪，广西的工业化率由 1.39 提高到 2.31，工业增加值比重由 31.7% 提高到 40.6%，工业化进入中期阶段。

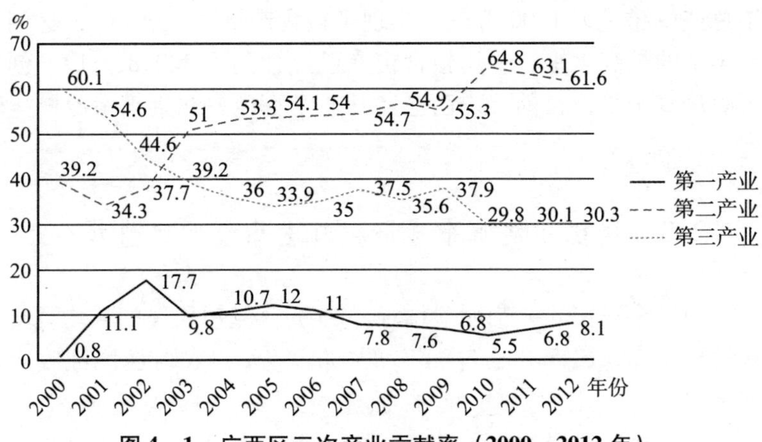

图 4 – 1　广西区三次产业贡献率（2000 ~ 2012 年）

4.2.2 特色农业发展扩大，粮食产量持续增加

近年来，广西坚持发展现代农业，不断提高农业综合生产能力，依托地域和气候等优势，重点发展特色农产品生产，目前已经形成了一批发展情势较好、优势突出、特色鲜明的特色农业产业。广西的许多农业产品的产量都排在全国前列，其中，糖料蔗、桑蚕、蘑菇和木薯的产量都高居全国首位，尤其是糖料蔗的产量占到全国总产量的六成以上，桑蚕产茧的数量占到全国产量的45%以上，木薯的种植面积和产量都是全国最多的，超过了全国的70%，其中广西中粮生物质能源有限公司就是以木薯为原料生产乙醇的，该公司现在已经成为中国南方最大的生物质能源基地。另外，广西的水果种植面积排在全国第五位，每年的产量都超过了千万吨；广西是茉莉花茶的主要产地，产量占全国一半以上；广西是中国药材的重要产地，中草药种类繁多，蕴藏着4623种中草药，产量巨大；北海铁山港是全国著名的“南珠”产地，畜禽水产品也在全国占有重要位置。除此之外，广西还是重要的粮食产地，是全国重要的“南菜北运”蔬菜基地、全国最大的冬菜基地。2013年，广西粮食全年总产量超过了1500万吨，实现了粮食产量“三连增”，达到了近8年来的最高水平，平均粮食亩产已经达到了329.8公斤，创下了历史最高水平。目前，广西已经开通了百色—北京果蔬冷链运输专列。

4.2.3 居民生活水平提高，社会事业明显进步

广西城乡居民收入都明显增加，2013年城镇居民的人均可支配收入达到了23305元，比上一年增加了9.7%；农村居民纯收入达到了6791元，比上一年增加了13%。城市居民恩格尔系数37.9%，农村居民恩格尔系数40.4%，基本上已经达到了小康或者

相对富裕的水平。广西区对于社会事业的投资不断增加，近五年来投资平均增速 18%，对于民生领域的投资也基本上都能够占到公共财政支出的 3/4 左右，其中 2013 年全区公共财政支出超过了 3200 亿元，其中民生领域支出达到了 2402 亿元，占公共财政全部支出的 75.06%。

从近年来的公共财政支出的来看，教育、科学技术、文化体育与传媒、社会保障和就业、医疗卫生的支出都明显增加（见表 4－3、表 4－4）。从支出的结构来看，教育在广西的财政支出比重较高，近五年来基本稳定在 19% 左右；在社会保障和就业方面的投入基本稳定在 10% 左右；医疗卫生方面的投入基本与社会保障和就业方面持平；但是在科学技术、文化体育与传媒方面的投入基本上在 2% 左右，但是科学技术方面的投入近几年呈现出上升的趋势，而文化体育与传媒方面的投入则呈现出下降的趋势。

表 4－3　　广西民生领域公共财政支出（2008～2013 年）　　单位：亿元

支出项目	2008 年	2009 年	2010 年	2011 年	2012 年	2013 年
教育	2512210	2965980	3668362	4568882	5892383	6099303
科学技术	162149	180741	216554	282470	428120	543579
文化体育与传媒	292467	292731	327718	374814	455212	498502
社会保障和就业	1289769	2036887	2170733	2506400	2823276	3481154
医疗卫生	787683	1161466	1654911	2328800	2531744	2856114
公共财政预算支出	12971100	16218218	20075907	25452778	29852261	32086656

资料来源：广西统计局．广西统计年鉴 2014［M］．北京：中国统计出版社．2014.

表 4－4　　广西民生领域公共财政支出在公共财政支出中的占比（2008～2013 年）　　单位：亿元

支出项目	2008 年	2009 年	2010 年	2011 年	2012 年	2013 年
教育	19.37%	18.29%	18.27%	17.95%	19.74%	19.01%
科学技术	1.25%	1.11%	1.08%	1.11%	1.43%	1.69%

续表

支出项目	2008 年	2009 年	2010 年	2011 年	2012 年	2013 年
文化体育与传媒	2.25%	1.80%	1.63%	1.47%	1.52%	1.55%
社会保障和就业	9.94%	12.56%	10.81%	9.85%	9.46%	10.85%
医疗卫生	6.07%	7.16%	8.24%	9.15%	8.48%	8.90%

资料来源：广西统计局．广西统计年鉴2014［M］．北京：中国统计出版社．2014.

4.3 广西城市体系结构

4.3.1 广西城市体系等级规模结构

一般来说，城市体系等级规模结构的主要划分依据就是人口，本书主要从人口规模、首位度、四城市指数、十一城市指数和首位度比以及城市体系等级规模结构的分形分析来分析广西城市体系等级规模结构。

4.3.1.1 广西城市体系的城市人口规模分析

一般情况下来说，最常见的反映城市体系规模的指标就是城市的非农业人口数量。但是，每一个国家在对城市规模进行划分时所采用的标准也可能存在不同（见表4－5）。

表4－5　各国城市人口规模划分标准　单位：万人

国家	超大城市	特大城市	大城市	中等城市	小城市
中国（调整前）	>200	100～200	50～100	20～50	<20
美国	—	—	>10	2.5～10	<2.5
苏联	>100	25～100	10～25	5～10	<5

从表 4 –5 中，我们可以清晰的发现各国的城市人口规模划分有差别，这主要是因为每一个国家的人口总量不同，不同的人口总量决定了各国城市人口规模总体上趋异，因此各国的城市人口规模划分的标准也不一致。中国 2014 年国务院发布了《关于调整城市规模划分标准的通知》，对于城市规模划分标准进行了调整（见表 4 –6）。

表 4 –6　城市规模划分标准　单位：人

类型	档次	人口
超大城市		城市人口 1000 万以上
特大城市		城市人口 500 万 ~1000 万
大城市	I 型大城市	城市人口 300 万以上 500 万以下
	II 型大城市	城市人口 100 万以上 300 万以下
中等城市		城市人口 50 万 ~100 万
小城市	I 型小城市	城市人口 20 万以上 50 万以下
	II 型小城市	城市人口 20 万以下

21 世纪以来，广西壮族自治区的城市数量和城市规模有了一定的发展。根据中国对于城市人口规模的划分，我们将广西壮族自治区的各城市人口规模和城市级别进行统计分析（见表 4 –7）。

表 4 –7　2008 年和 2013 年广西区内城市规模对比（地级市）

地区	2008 年		2013 年	
	市辖区非农业人口（万人）	城市规模（采用调整前的标准）	城区常住人口（万人）	城市规模（采用新标准）
南宁市	135. 54	特大城市	356. 83	I 型大城市
柳州市	90. 77	大城市	157. 79	II 型大城市
桂林市	63. 70	大城市	103. 12	II 型大城市
梧州市	28. 80	中等城市	78. 64	中等城市
北海市	27. 97	中等城市	68. 75	中等城市

续表

地区	2008 年		2013 年	
	市辖区非农业人口（万人）	城市规模（采用调整前的标准）	城区常住人口（万人）	城市规模（采用新标准）
防城港市	17.59	小城市	54.07	中等城市
钦州市	21.00	中等城市	123.20	II 型大城市
贵港市	28.56	中等城市	153.63	II 型大城市
玉林市	21.94	中等城市	108.90	II 型大城市
百色市	12.62	小城市	38.55	I 型小城市
贺州市	16.03	小城市	62.98	中等城市
河池市	11.63	小城市	90.91	中等城市
来宾市	16.71	小城市	105.40	II 型大城市
崇左市	8.84	小城市	33.34	I 型小城市

资料来源：广西统计局．广西统计年鉴 2014 [M]. 北京：中国统计出版社．2014.

从表 4－6 中我们可以看出，广西城市人口规模存在着较为明显的差异，而且从 2008～2013 年这六年间，这种差距还在不断拉大。2008 年，非农业人口数第一位的南宁市比第二位的柳州市高出 45 万人，比最后一位的崇左市高出近 127 万人。到了 2013 年，南宁市的城市常住人口高出第二位的柳州市接近 200 万人，而几乎是最后一位的崇左市的 12 倍。从表 4－6 中不难发现，2008 年，广西区只有 1 个特大城市：2 个大城市：5 个中等城市：6 个小城市；到了 2013 年，广西仍然只有 1 个 I 型大城市，6 个 II 型大城市，5 个中型城市，2 个 I 型小城市。在广西，根据新的城市规模划分标准，在城市等级规模结构中，不存在超大城市。

从广西的城市体系来看，广西的城市规模发生了明显的变化，但是这个变化主要是由于城市规模划分标准导致的。根据最新的城市规模划分标准广西已经基本上形成了“一核心六核心节点”的、体系基本完整的不完全网络的城市体系等级规模结构（如图 4－2）。从规模上来看，广西的城市主要以 II 型大城市和中等城市为主，城区常住人口在 100 万 ~ 300 万人之间。但是问题也很明显，主要体现在城市分布上，从图 4 - 2 上来看，广西的中等以上城市基本上集中在广西的东部，2 个 I 型小城市百色市和崇左市都在广西西部，加上中等城市河池市所占的面积基本上接近了广西总面积的 1/3 以上。由此可见，广西的城市体系等级规模结构完整，但是地区分布存在明显差异，广西要想实现整体城市等级规模的提升和完善，必须调整和制定科学的发展规划，努力提升发展规模，协调东西部发展，增强发展力度。

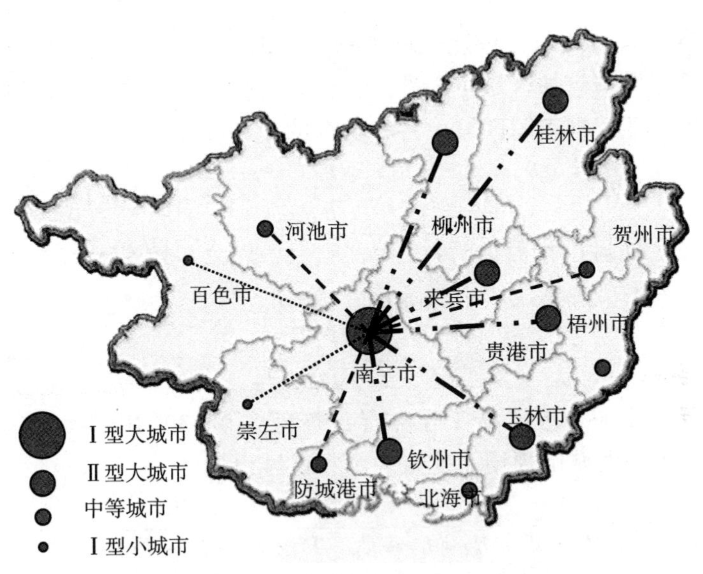

图 4 - 2　广西城市体系城市规模分布图

4.3.1.2　广西城市体系首位度、四城市指数、十一城市指数和首位度比较分析

美国学者马克 · 杰斐逊（M. Jefferson）通过观察发现一个国家的“首位城市”总是比国家第二位城市大得多，基于此他最早提出了城市首位律（Law of the Primate City）。城市首位律事实上阐述的

是国家城市规模的分布规律，其核心内容就是研究首位城市对于国家发展的相对重要性，也称作是城市首位度。

在首位律理论的基础上，又有学者进一步完善，提出了首位度二城市指数、首位度四城市指数和首位度十一城市指数，并且成为常用的测量城市的区域主导性的重要指标，反映的是城市在一定区域中或者一个规模序列中的顶头优势性，表明了区域中每一种资源的集中程度。因此，首位度二城市指数、四城市指数和十一城市指数在一定程度上代表了城市体系中的城市发展要素在最大城市的集中程度。

（1）首位城市首位度二城市指数（S_2）：（计算公式4－1）一般用于测量城市的区域主导性的指标，反映区域城镇规模序列中的顶头优势性，也表明区域中各种资源的集中程度。

$$S_2 = \frac{P_1}{P_2} \quad \text{（公式4－1）}$$

（2）四城市指数（S_4）：（计算公式4－2）用最大城市与第二至第四大城市规模之比来表示首位城市的。

$$S_4 = \frac{P_1}{P_2 + P_3 + P_4} \quad \text{（公式4－2）}$$

（3）十一城市指数（S_4）：（计算公式4－3）用最大城市与第二至第十一大城市规模之比来表示首位城市的。

$$S_4 = \frac{P_1}{P_2 + P_3 + P_4 + P_5 + P_6 + P_7 + P_8 + P_9 + P_{10} + P_{11}} \quad \text{（公式4－3）}$$

其中，P_1 为首位城市的非农业人口数，P_2，P_3，P_4，…，P_{11} 分别表示第二到第十一位城市的非农业人口数。

按照“位序—规模”的原理，一般认为，城市首位度二城市指数小于2，表明城市体系结构合理、正常、集中适当；城市首位度二城市指数大于2，则表示城市体系有可能存在结构失衡、过度集中的趋势。因此，正常的二城市指数是应该2，正常的四城市指数和十一城市指数应该是1。

（4）首位度比（S_r）：（公式4－4）用首位城市人口数与城镇人口总数之比来表示首位城市的，以此反映地区的城市规模结构和人口集中程度。其中，P_1 为首位城市的非农业人口数，P_c 为非农业人口总数。

$$S_r = \frac{P_1}{P_c} \quad \text{（公式4－4）}$$

广西城市体系的首位度、四城市指数、十一城市指数和首位度比如下（见表4－8）。

表4－8　广西城市体系2002～2013年各城市指数值

年份	首位度 S_2（二城市指数）	四城市指数 S_4	十一城市指数 S_{11}	首位度比 S_r
2002	1.3854	0.5583	0.2011	19.00%
2003	1.3974	0.5607	0.2017	19.06%
2004	1.4347	0.5794	0.2065	19.50%
2005	1.0177	0.4861	0.1939	18.37%
2006	1.4712	0.5854	0.2092	19.70%
2007	1.4709	0.5840	0.2088	19.60%
2008	1.5096	0.5937	0.2107	19.70%
2009	1.5017	0.6000	0.2171	20.52%
2010	1.5460	0.5787	0.2023	18.89%
2011	1.5351	0.5737	0.2010	18.75%
2012	1.5373	0.5554	0.2030	19.14%
2013	1.3854	0.5583	0.2011	19.00%

按照“位序—规模”的原理，所谓正常的首位度是应该2，正常的四城市指数和十一城市指数应该是1。但是从表4－8和图4－3中可以看出，广西区内首位度呈现出上升趋势，说明在这在2002～2013年中，广西的首位度指标上市不断完善和趋向最佳水平的，但

同时上升的速度较慢并且离合理的“位序—规模”还有一定的差距，还应该继续调整和完善，存在较大的改善空间。从四城市指数上看，广西从 2002 ~ 2011 年基本上没有发生什么变化，在数值上也保持在 0. 5500 ~ 0. 6000 之间，距离 1 这个指标还存在一定的差距，反映出广西城市体系的前四个城市的等级规模差距不是太大，从数值上反映出首位城市的规模增长速度略大于其他三个城市。从十一城市指数上来看，广西在 2002 ~ 2013 年之间都维持在 0. 2 左右，没有超过 0. 3，离 1 的正常值非常远且没有表现出明显的增长趋势。首位度比值一直在缓慢增长并徘徊在 19% 左右，所占比重并不是特别高。说明在广西城市体系规模结构中首位城市以下的城市仍然有多个城市城市规模较大，但是相比首位城市南宁市其他市的规模增长速度较慢。

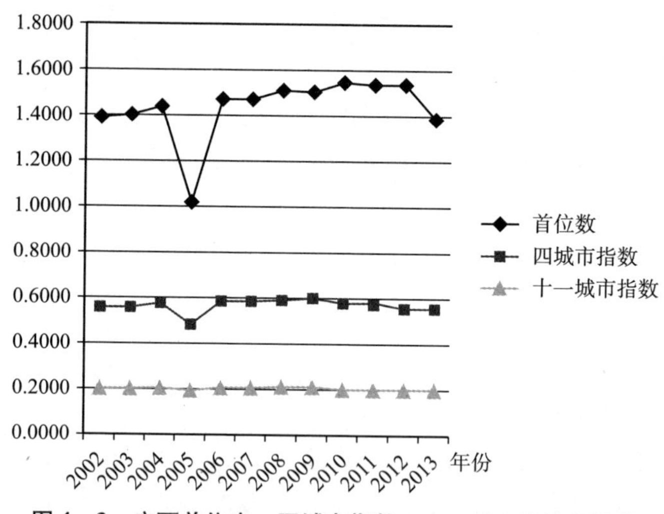

图 4 – 3　广西首位度、四城市指数、十一城市指数趋势图

由此看出，通过首位度、四城市指数、十一城市指数和首位度比这几项衡量城市等级规模结构的指标，都反映出广西城市等级规模结构在不断完善但依然不太合理的现状。加大城市规模等级结构完善的力度，是保证广西快速发展的必要保证。

4.3.1.3 广西城市体系等级规模结构的分形分析

分形理论是通过对自然界中不规则、不稳定但又存在高度复杂结构的现象进行描述，通过对已有数据的分析整理，达到对具体复杂现象的表征和内因机制深刻认识的效果。分形理论在测定城市等级规模结构时，可以通过构建一下关系模型来得以实现。

假设一个城市体系由 n 个城市组成，城市规模的划分标准由非农业人口数 r 来测定，再将城市规模按降序进行排列（1，2，…，n），得到城市体系数目 $N(r)$ 和城市非农业人口数 r 的关系式：

$$N(r) \propto r - D \qquad \text{（公式 4-5）}$$

公式4－5所展现的就是一个分形模型，其可以描述一个城市体系等级规模的分布特征。将公式1两边同时取对数后得：

$$lnN(r) = A - Dlnr \qquad \text{（公式 4-6）}$$

公式4－6中，$N(r)$ 为城市体系城市累计数目；r 为城市人口规模，A、D 为参数，其中，D 为分维值，在分形理论中，D 值的大小能够很好的反映城市体系等级规模结构。

（1）$D=1$ 时，说明城市体系中首位城市的人口规模与末位城市的人口规模的比值正好等于城市体系中城市数量之和。这种形态被称为约束型位序—规模分布。

（2）$D<1$ 时，说明城市体系等级规模结构比较分散，人口分布不均，城市体系尚未发育成熟，处于中间位序的城市数量少。

（3）$D>1$ 时，说明城市体系等级规模结构比较集中，人口分布均匀，城市体系发育相对成熟，处于中间位序城市数量多。

（4）$D\to 0$ 时，说明城市体系中仅有一个城市；$D\to\infty$ 时，说明城市体系中所有城市各方面都一致，不存在差别。

首先，对广西2008年和2013年广西城市体系内各城市非农业人口进行排序（见表4－9）。

表 4-9　　2008 年和 2013 年广西城市体系内各城市非农业人口排序

单位：万人

地区	2008 年	位序	地区	2013 年	位序
南宁市	188.94	1	南宁市	192.62	1
柳州市	128.45	2	柳州市	125.30	2
桂林市	122.64	3	桂林市	122.38	3
梧州市	62.65	5	梧州市	64.31	6
北海市	46.68	9	北海市	49.00	9
防城港市	28.58	14	防城港市	24.27	14
钦州市	41.40	10	钦州市	43.29	10
贵港市	56.49	7	贵港市	67.57	5
玉林市	72.44	4	玉林市	99.16	4
百色市	49.02	8	百色市	50.29	8
贺州市	30.80	13	贺州市	33.18	13
河池市	57.29	6	河池市	56.87	7
来宾市	38.03	12	来宾市	38.46	12
崇左市	40.65	11	崇左市	39.79	11

资料来源：广西统计局．广西统计年鉴 2014 [M]. 北京：中国统计出版社．

根据表 4-8 和公式（4-6），线性回归模拟得到回归方程和散点图（见图 4-4、图 4-5）：

$$N(r)=9.484-0.784\ln r \qquad R^2=0.905 \qquad (2008\text{ 年})$$

$$N(r)=9.722-0.810\ln r \qquad R^2=0.941 \qquad (2013\text{ 年})$$

其中 R^2 为相关系数，表示回归模型中自变量 N（r）和因变量 lnr 两者相关程度高。通过 2008 年和 2013 年的分维值，我们不难看出，两个年份的 D 值分别为 0.784 和 0.810，均小于 1，通过之前分维值的定义可以看出，广西城市体系规模等级结构比较分散，城市体系中人口分布不均，并未形成一个相对较成熟的城市体系，中间位序的城市数量较少。广西城市体系等级规模结构有待优化和完善。类似城市体系人口等级规模机构，对广西的 GDP（国内生产总值）、第一产业产值、第二产业产值、第三产业产值和社会消费品零售总额进行分析（见表 4-10），研究它们的等级规模结构。

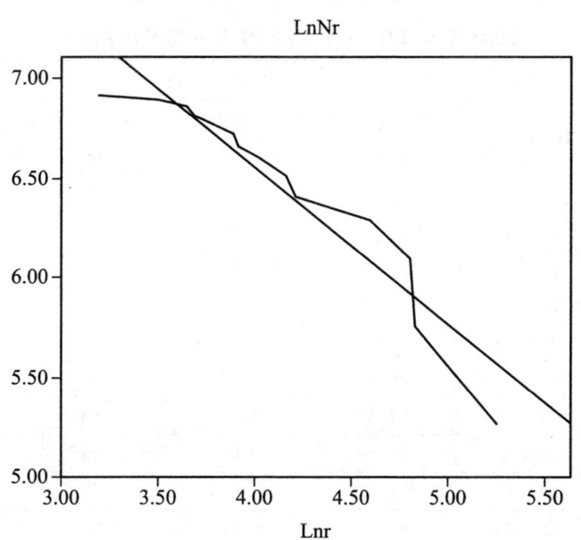

图 4－4　2008 年广西城市体系人口等级规模分布双对数坐标图

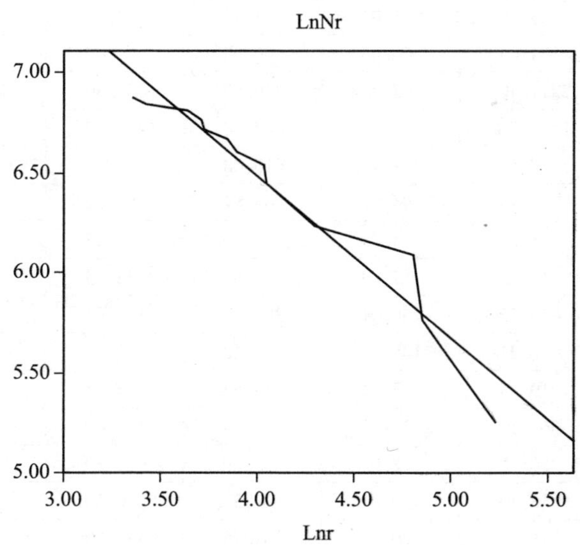

图 4－5　2013 年广西城市体系人口等级规模分布双对数坐标图

表 4－10　　2008 年和 2013 年广西各城市主要经济指标

地区	2008 年				
	GDP（亿元）	第一产业产值（亿元）	第二产业产值（亿元）	第三产业产值（亿元）	社会消费品零售总额（亿元）
南宁市	870.15	134.40	297.31	438.50	435.51
柳州市	622.34	66.00	346.00	211.00	231.00
桂林市	607.00	133.00	250.00	223.00	189.00
梧州市	270.42	53.00	126.23	91.22	98.04
北海市	199.60	49.90	81.90	67.90	53.41
防城港市	119.60	25.80	51.10	42.70	26.05
钦州市	245.10	84.30	87.30	73.50	80.72
贵港市	265.20	71.10	93.01	101.10	104.50
玉林市	415.10	111.72	148.64	154.70	149.57
百色市	297.34	67.32	149.11	80.91	56.23
贺州市	189.65	53.61	88.30	47.20	39.52
河池市	249.00	65.00	101.00	83.00	69.00
来宾市	203.50	71.01	78.72	53.72	38.25
崇左市	194.03	66.45	66.60	61.00	31.06
南宁市	2211.40	305.50	829.60	1076.30	1073.15
柳州市	1579.72	135.86	1003.68	440.17	568.80
桂林市	1327.57	247.11	615.08	465.37	462.36
梧州市	742.49	96.47	465.84	180.62	224.08
北海市	498.31	115.73	207.39	175.38	127.29
防城港市	413.77	57.79	217.63	138.35	61.16
钦州市	646.65	156.01	301.44	199.91	204.27
贵港市	634.41	138.79	282.40	227.54	245.97
玉林市	1019.94	213.81	458.59	347.55	362.81
百色市	664.10	125.67	363.76	174.66	134.34
贺州市	356.40	78.92	165.09	112.39	92.36
河池市	518.13	119.81	227.32	180.50	154.79
来宾市	486.21	120.37	231.75	134.09	94.42
崇左市	491.85	144.98	197.42	149.45	72.40

通过同样的分形理论模型的构建，我们得到这些指标对应的城市体系等级分布回归方程、分维值和 R^2（见表 4－11）。

表 4－11　　2008 年和 2013 年广西城市体系主要经济指标分维值测算结果

指标	年份	城市体系等级分布回归方程	分维值	R^2
国内生产总值	2008	N(r)＝12.760－0.838lnr	0.838	0.903
	2013	N(r)＝14.532－0.857lnr	0.686	0.953
第一产业产值	2008	N(r)＝11.438－1.191lnr	1.191	0.746
	2013	N(r)＝12.852－0.856lnr	1.177	0.856
第二产业产值	2008	N(r)＝10.976－0.804lnr	0.804	0.889
	2013	N(r)＝12.986－0.826lnr	0.826	0.921
第三产业产值	2008	N(r)＝9.734－0.581lnr	0.581	0.959
	2013	N(r)＝11.196－0.605lnr	0.605	0.968
社会消费品零售总额	2008	N(r)＝8.981－0.439lnr	0.439	0.904
	2013	N(r)＝10.177－0.424lnr	0.424	0.904

通过观察各回归方程的相关系数 R^2，可以清晰的发现所有的 R^2 的值基本都在 0.85 以上，表明各指标在广西城市体系等级规模分布能够很好的契合分形理论，其测算出来的分维值是有效的。

通过表 4－10 我们可以发现，只有第一产业产值的分维值在 1 以上，说明在广西城市体系中以第一产业产值为测度的等级规模结构是相对完善和成熟的，第一产业产值的分布相对比较均匀。

而在国内生产总值、第二产业产值、第三产业产值和社会消费品零售总额方面，分维值均低于 1，说明广西城市体系中国内生产总值、第二产业产值、第三产业产值和社会消费品零售总额的等级规模分布上呈现分散的状况，区内各城市在这些指标上差距较大，贫富差距明显。从这些指标来观察广西城市体系等级规模结构，发现广西城市体系还不能算得上是一个完整发育的城市体系，还需要进一步优化和改进。

4.3.2 广西城市体系地域空间结构

本书主要从广西城市体系城市常住人口空间分布、GDP 空间分布、第二产业产值空间分布以及第三产业产值四个方面来分析广西城市体系地域空间结构。

4.3.2.1 广西城市体系城市常住人口空间分布

根据广西 2008 年和 2013 年的人口数据，广西的常住人口空间分布情况如图所示（见图 4-6、图 4-7）。

从广西 2008 年和 2013 年的城市体系城市常住人口空间分布图中，可以发现，由于时间跨度较小，2008～2013 年之间广西区内虽然每一个城市的常住人口都有所减少，但是幅度并不大，在空间分布上也没有明显的变化。

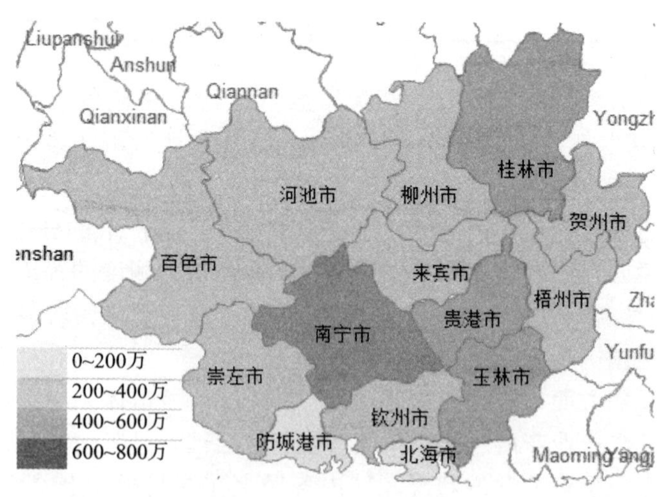

图 4-6　2008 年广西城市体系城市常住人口空间分布

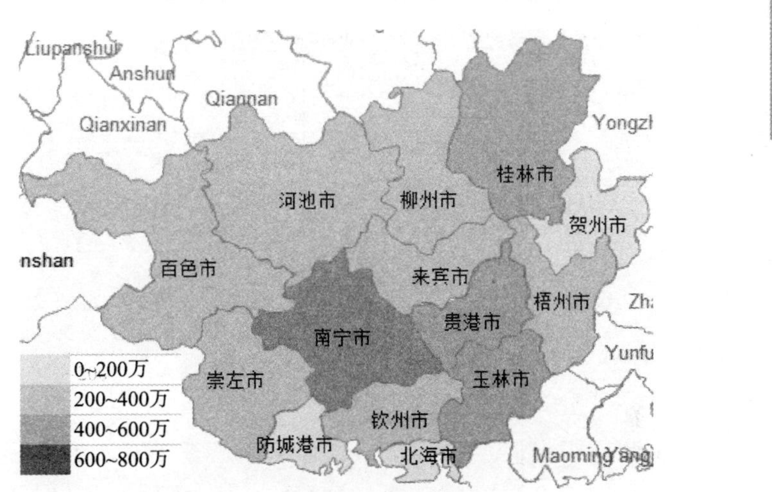

图 4 -7　2013 年广西城市体系城市常住人口空间分布

通过 OpenGeoDa 对广西城市体系城市的常住人口进行自相关分析（见图 4 -8、图 4 -9），发现代表广西城市体系城市常住人

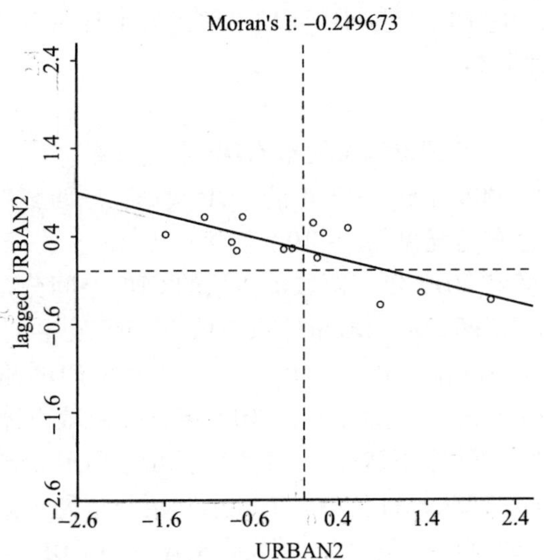

图 4 -8　2008 年广西城市体系城市常住人口空间分布 Moran's I 值和散点图

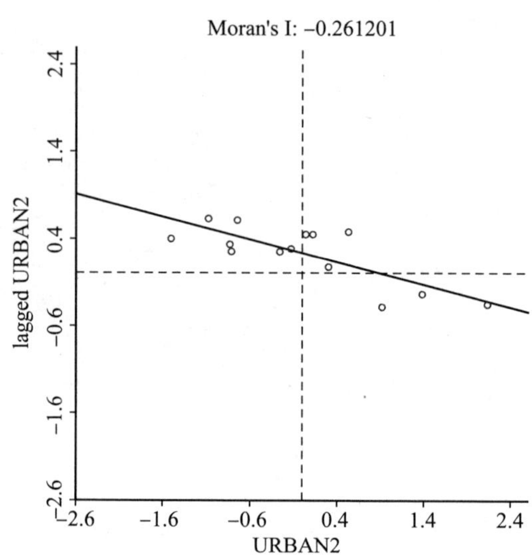

图 4-9　2013 年广西城市体系城市常住人口空间分布 Moran's I 值和散点图

口空间分布自相关程度的 Moran's I 值在 2008 年和 2013 年分别为 -0.2497 和 -0.2612，表明广西城市体系城市常住人口空间分布呈弱负自相关性分布。

4.3.2.2　广西城市体系城市 GDP 空间分布

根据广西 2008 年和 2013 年的 GDP 数据，广西城市体系内各城市 GDP 空间分布情况见图 4-10、图 4-11。

从 2008 年和 2013 年广西城市体系的 GDP 空间分布图中，发现从 2008～2013 年间，广西城市体系各城市 GDP 发生了重大的变化，2008 年广西区内除南宁市、柳州市、桂林市的 GDP 略高之外，其他城市 GDP 并没有太大的差异。2013 年，广西城市体系内各城市的 GDP 与 2008 年相比都翻了 1 倍，南宁市的 GDP 最高，柳州市和桂林市处于第二梯队，百色市、玉林市和梧州市处于第三梯队，其他城市处于第四梯队，整个城市体系内城市的 GDP 的层级出现了明显的“金字塔”型分布。

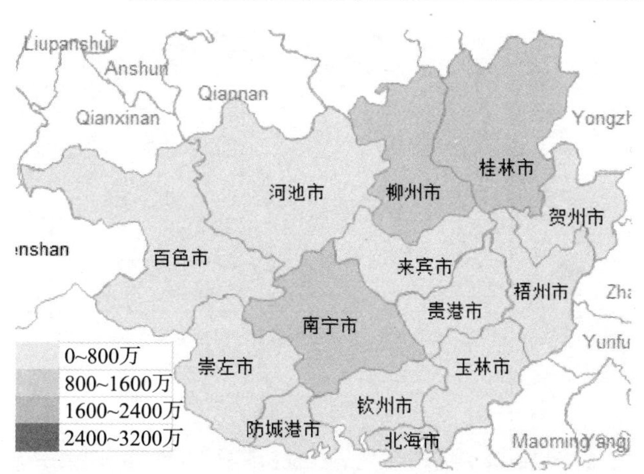

图4－10　2008年广西城市体系城市GDP空间分布

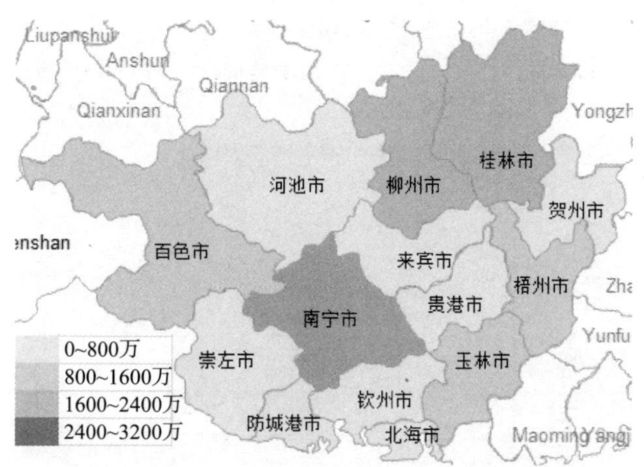

图4－11　2013年广西城市体系城市GDP空间分布

通过OpenGeoDa对广西城市体系城市GDP进行空间自相关分析（见图4－12、图4－13），发现代表自相关程度的Moran's I值从2008年的－0.2029降至2013年的－0.2875，表现出弱负自相关性分布，但是呈现出负自相关增强的趋势。

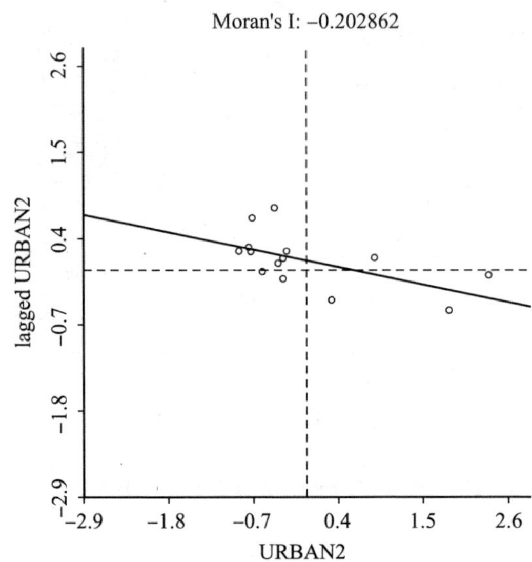

图 4-12　2008 年广西城市体系城市 GDP 空间分布 Moran's I 值和散点图

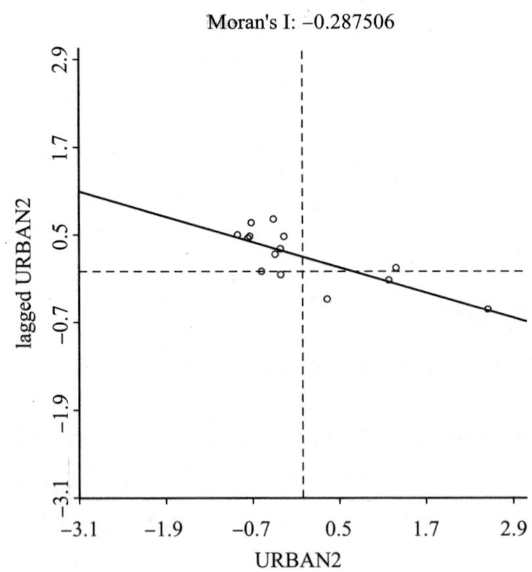

图 4-13　2013 年广西城市体系城市 GDP 空间分布 Moran's I 值和散点图

4.3.2.3　广西城市体系城市第二产业产值空间分布

根据广西2008年和2013年的第二产业产值数据，广西城市体系内各城市第二产业产值空间分布情况如图4－14、图4－15所示。

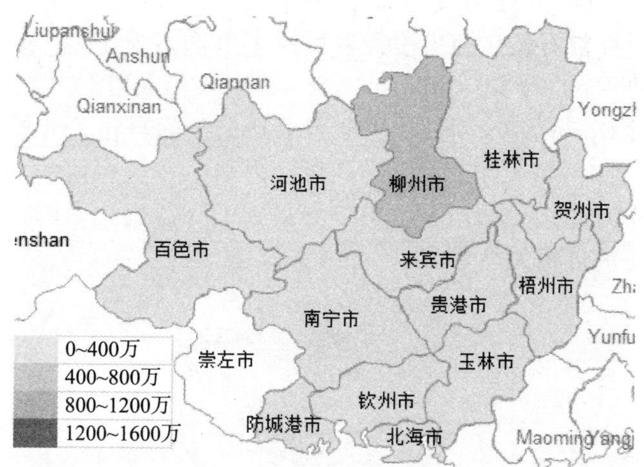

图4－14　2008年广西城市体系城市第二产业产值空间分布

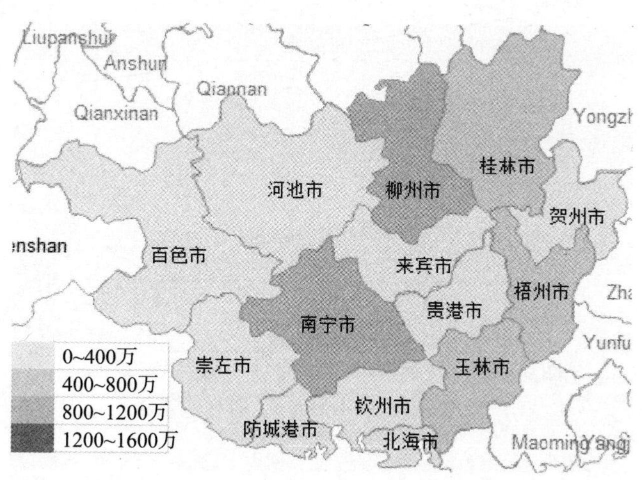

图4－15　2013年广西城市体系城市第二产业产值空间分布

根据广西2008年和2013年第二产业产值空间分布图（见图4－16、图4－17），可以发现2008年广西城市体系内除了柳州市的第二产业产值明显高于其他城市之外各城市的第二产业产值分布较为均匀。但是，到了2013年，2010年全区各城市第二产业产值规模空间多层级分布，区内城市根据自身的优势和特点，在第二产业上都有长足的进步，发展成了以柳州为龙头，多层级发展的态势。

通过OpenGeoDa对区内第二产业产值空间自相关分析（见图4－16、图4－17），广西壮族自治区内第二产业产值的Moran's I值由2003年的－0.15降至2013年的－0.18，变化微弱，基本呈稳定的弱负自相关性分布。

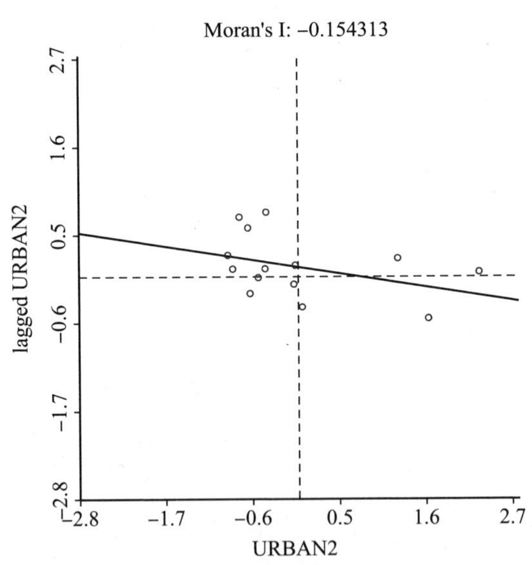

图4－16　广西2008年城市体系城市第二产业产值空间分布Moran's I值和散点图

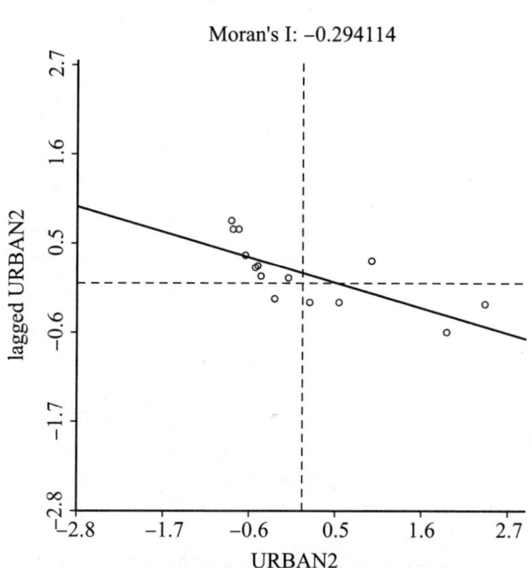

图 4－17　广西 2013 年城市体系城市第二产业产值空间分布 Moran's I 值和散点图

4.3.2.4　广西城市体系城市第三产业产值空间分布

根据广西 2008 年和 2013 年的第三产业产值数据，广西各城市第三产业产值空间分布情况如图 4－18、图 4－19 所示。

根据广西 2008 年和 2013 年第三产业产值空间分布图，广西的第三产业产值空间分布由 2008 年的空间均匀低水平分布，逐渐发展为 2013 年的多层级空间分布。但从 2008 年和 2013 年的空间分布图中来看，广西各城市第三产业总体发展水平不高，有待进一步加强。

再从空间自相关上来看（见图 4－20、图 4－21），通过 OpenGeoDa 计算广西第二产业产值的 Moran's I 值在 2003 年和 2010 年均为－0.29，表明广西壮族自治区内第三产业产值呈弱负自相关性分布，发展平稳。

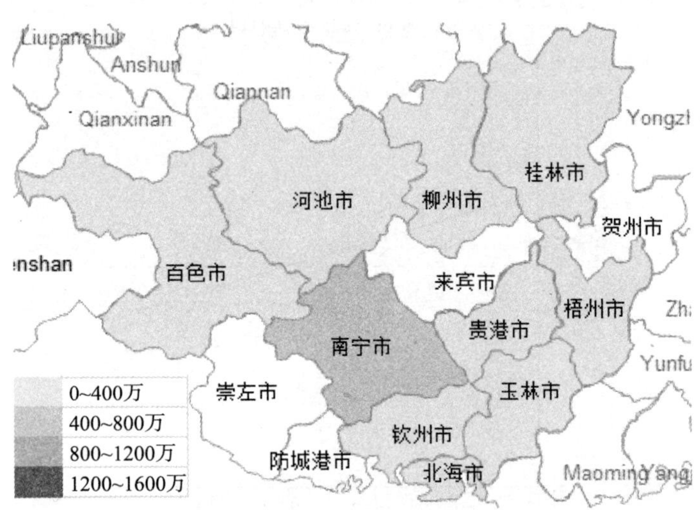

图 4－18　广西城市体系城市 2008 年第三产业产值空间分布

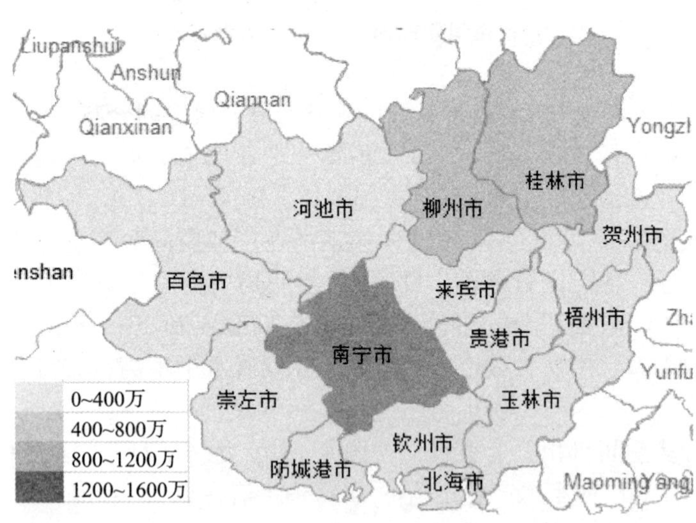

图 4－19　广西城市体系城市 2013 年第三产业产值空间分布

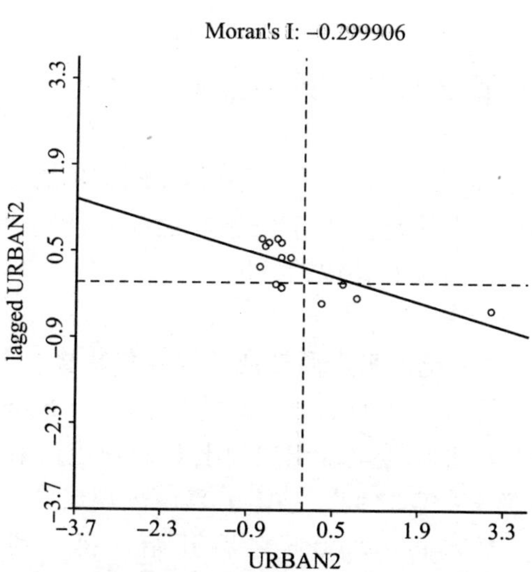

图 4-20　广西 2008 年城市体系城市第三产业产值空间分布 Moran's I 值和散点图

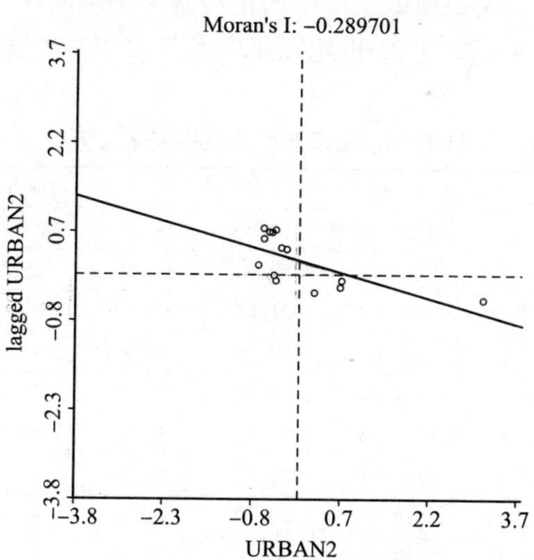

图 4-21　广西 2013 年城市体系城市第三产业产值空间分布 Moran's I 值和散点图

4.3.3 广西城市体系职能结构

城市职能体现了城市在城市体系中做发挥的作用和功能。城市体系职能结构的状况决定了城市体系职能能不能得到良好的发挥，决定了城市体系能否又好又快的发展。

4.3.3.1 21世纪以来广西产业结构变化趋势

由表4-12可知，广西的第一产业比重不断下降，并呈现出下降的趋势；第二产业比重呈现出快速上升的趋势；第三产业比重基本上徘徊在36%~43%之间，整体上来说表现出“n”的趋势，在2002年达到了最高的42.60%之后开始回落，到2013年仅有36.00%。总体而言，21世纪以来，广西经济快速发展，第二产业比重快速提升，发展的规律也基本上符合“配第—克拉克”产业结构理论，这也说明广西的三次结构正在调整中不断优化，产业结构日趋合理。图4-22为21世纪以来广西三次产业产值示意图。

表4-12 21世纪以来广西产业结构变化趋势

年份	产值（亿元）			构成（%）		
	第一产业	第二产业	第三产业	第一产业	第二产业	第三产业
2000	557.38	732.76	789.90	26.80	35.20	38.00
2001	576.34	771.18	931.82	25.30	33.80	40.90
2002	601.99	846.89	1074.85	23.90	33.60	42.60
2003	658.78	984.08	1178.25	23.40	34.90	41.80
2004	817.88	1253.70	1361.92	23.80	36.50	39.70
2005	912.50	1510.68	1560.92	22.40	37.10	39.20
2006	1032.47	1878.56	1835.12	21.40	38.90	38.70
2007	1241.35	2425.30	2156.76	20.90	40.70	37.00
2008	1453.90	3037.74	2529.51	20.30	42.40	36.00
2009	1458.49	3381.54	2919.13	18.80	43.60	37.60

续表

年份	产值（亿元）			构成（%）		
	第一产业	第二产业	第三产业	第一产业	第二产业	第三产业
2010	1675.06	4511.68	3383.11	17.50	47.10	35.40
2011	2047.23	5675.32	3998.33	17.50	48.40	34.10
2012	2172.37	6247.43	4615.30	16.70	47.90	35.40
2013	2343.57	6863.04	5171.39	16.30	47.70	36.00

资料来源：广西统计局．广西统计年鉴 2014［M］．北京：中国统计出版社．2014.

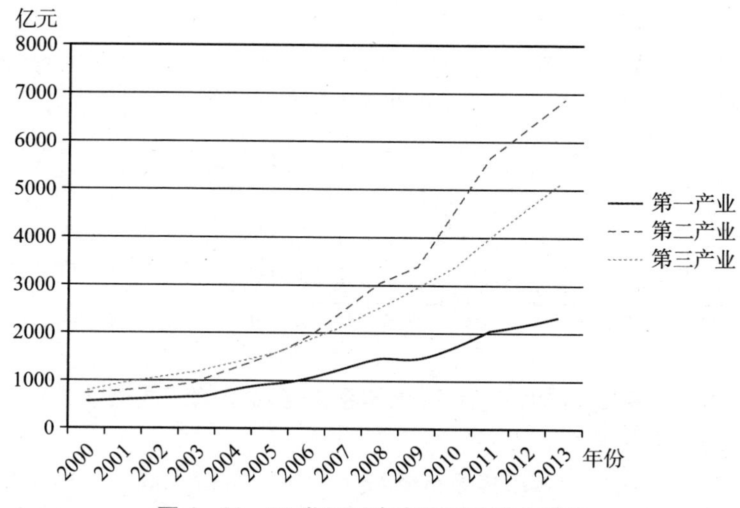

图 4－22　21 世纪以来广西三次产业产值

资料来源：广西统计局．广西统计年鉴 2014［M］．北京：中国统计出版社．

4.3.3.2　广西城市体系各城市三次产业结构现状

在一定程度上，城市的三次产业结构体现了城市经济发展的现状，反映出城市经济发展的趋势和前景，是城市职能的重要体现。对广西各城市的三次产业结构进行分析有利于剖析广西城市体系的职能结构，为此我们对广西城市体系内各城市的三次产业构成进行了分析（见表 4－13）。

表 4－13　　2013 年广西城市体系内各城市三次产业构成

城市	产值（亿元）				构成（%）		
	第一产业	第二产业	第三产业	总产值	第一产业	第二产业	第三产业
南宁市	349.93	1110.89	1342.73	2803.55	12.48	39.62	47.89
柳州市	159.29	1274.93	575.84	2010.06	7.92	63.43	28.65
桂林市	299.44	792.88	565.59	1657.91	18.06	47.82	34.11
梧州市	115.32	654.83	221.55	991.7	11.63	66.03	22.34
北海市	142.81	373.65	218.53	734.99	19.43	50.84	29.73
防城港市	68.45	296.08	160.61	525.14	13.03	56.38	30.58
钦州市	181.77	316.85	255.13	753.75	24.12	42.04	33.85
贵港市	160.76	303.35	277.9	742.01	21.67	40.88	37.45
玉林市	243.83	526.62	428.01	1198.46	20.35	43.94	35.71
百色市	149.06	432.59	222.22	803.87	18.54	53.81	27.64
贺州市	92.58	196.3	134.97	423.85	21.84	46.31	31.84
河池市	133.78	189.78	205.06	528.62	25.31	35.90	38.79
来宾市	134.45	219.51	161.61	515.57	26.08	42.58	31.35
崇左市	149.44	248.24	186.95	584.63	25.56	42.46	31.98

资料来源：广西统计局．广西统计年鉴 2014 [M]．北京：中国统计出版社．2014.

由表 4－13 可知，广西城市体系内各城市的三次产业产值和构成呈现出以下几个特点：

第一，从广西城市体系内各城市的生产总值来看，广西城市体系内各城市差异较大。总产值最多的南宁市几乎是总产值最低的贺州市的 6.6 倍，是广西城市体系各城市生产总值中位数的 3.7 倍。对比各城市的生产总值绝对数，南宁市作为广西区的首府，在三次产业的产值上都具有明显的优势，分别达到了 349.93 亿元、1110.89 亿元和 1342.73 亿元。南宁市的第三产业的产值在广西城市体系中最高，分别是排名第二和第三的柳州和桂林第三产业产值的 2.33 和 2.37 倍，是排名最后的贺州市的 9.95 倍。第三产业的产值在南宁市的总产值中也占有最高的比例，这在广西城市体系中也是最高。柳州市是广西城市体系中最大的工业城市，优势明显，第二产值绝对数也是排名最后的河池市的6.72倍。相比而言，贺州市无论从整体还是各产业来看，基本上在广西城市体系之内都是最低的，三次产业的产值92.58亿元、196.3亿元和134.97亿元。由此可见，在广西城市体系中，各城市之间的三次产业产值的绝对值存在明显的差异。

第二，从广西城市体系内各城市的三次产业的构成来看，广西城市体系内各城市的差异也比较明显。来宾市是第一产业构成比例最高的城市，达到了26.08%，与第一产业构成比例最低的城市柳州市相差了18.16个百分点；第二产业构成比例最高的柳州市，达到了63.43%，与构成比例最低的河池市相差了27.53个百分点；第三产业构成比例最高的南宁市，达到了47.89%，与构成比例最低的梧州市相差了25.55个百分点。广西城市体系中，各城市在三次产业构成上也存在比较大的差异，这是由于政府职能、发展条件、资源禀赋、科技含量以及人口结构方面存在区别。

但是，广西城市体系内各城市的三次产业构成可能不尽合理。根据“配第—克拉克”产业结构理论，经济发展会引起第一产业的比重下降，而第二产业发展也会导致第三产业的比重不断上升。从整体上来看，部分城市的第一产业过大，河池市、来宾市和崇左市的第一产业构成都占到了25%以上，仅有柳州市的第一产业构成在10%以下。其中，南宁市第三产业产值和构成都已经超过第二产业，基本上步入了第三阶段，而其他城市仍然处于第二阶段，由此可见，广西城市体系内的城市基本上都处于第二阶段，并表现出向第三阶段过渡的趋势，广西城市体系发展要注重产业结构调整，进一步提高第二产业和第三产业比重，推动广西经济发展进入第三阶段。

4.3.3.3　广西城市体系各城市14种职能部门的劳动力结构

要研究广西城市体系职能结构，首先要从广西城市体系各城市职能部门的劳动力结构开始分析（见表4-14、表4-15）。

表 4-14　　2010 年广西城市体系各城市城镇单位分行业从业人员

单位：人

城市	农、林、牧、渔业	采矿业	制造业	电力、燃气及水的生产和供应业	建筑业	批发和零售业	交通仓储邮政
南宁市	14891	205	147762	10719	200854	48310	42943
柳州市	5014	1483	168346	9958	160774	18218	20579
桂林市	5339	5007	86472	13727	59485	18128	13476
梧州市	1197	3478	64654	6865	9270	5292	7269
北海市	4925	1222	34876	2873	14257	2862	4733
防城港市	11668	1450	16729	2848	16136	1774	9160
钦州市	4669	1439	28111	3683	46974	5206	7670
贵港市	1384	337	29561	4768	16118	5060	9581
玉林市	9024	198	98534	7704	42696	11760	12772
百色市	4006	10952	31841	10171	12544	7693	8851
贺州市	1592	1142	15774	4565	2032	2412	2690
河池市	3500	8986	29715	8000	9483	6876	7852
来宾市	9030	2977	24552	6820	12708	3639	3740
崇左市	14938	4690	22201	5212	3849	3269	4007

城市	住宿和餐饮业	信息传输、计算机服务和软件业	金融业	房地产业	租赁和商务服务业	科学研究、技术服务和地质勘查业	水利、环境和公共设施管理业
南宁市	19915	18715	33571	23126	37129	33789	22212
柳州市	5073	3545	12974	16899	22010	13957	17034
桂林市	11526	4101	13984	9244	11038	8903	15467
梧州市	1193	2921	6108	5486	2603	3024	3091
北海市	2600	1949	6215	2962	2183	3255	4396
防城港市	976	1557	1801	2694	1620	1585	3076
钦州市	1532	1408	3654	2298	2380	2573	2987
贵港市	1344	2030	5974	1652	1250	2677	4028
玉林市	1808	4347	9336	4161	5906	5508	6747

续表

城市	住宿和餐饮业	信息传输、计算机服务和软件业	金融业	房地产业	租赁和商务服务业	科学研究、技术服务和地质勘查业	水利、环境和公共设施管理业
百色市	2091	1606	4818	2385	1197	3690	5098
贺州市	690	1779	4058	546	1416	2070	1743
河池市	1908	3028	5833	1735	3006	4187	3854
来宾市	499	2873	3705	2866	2693	3069	3344
崇左市	1107	1598	3766	1478	2967	4386	2958
城市	居民服务和其他服务业	教育	卫生、社会保障和社会福利业	文化、体育和娱乐业	公共管理和社会组织	合计	
南宁市	1282	107808	52289	12673	77339	905532	
柳州市	764	55781	32702	3015	39149	607275	
桂林市	1440	62104	29730	5102	51506	425779	
梧州市	71	35536	16462	1550	25338	201408	
北海市	286	21655	9275	1239	15936	137699	
防城港市	41	14411	6888	546	14886	109846	
钦州市	400	38682	17928	995	21485	194074	
贵港市	458	52703	16806	452	26178	182361	
玉林市	449	75989	26457	2013	32348	357757	
百色市	178	39589	19100	1313	44291	211414	
贺州市	27	23568	9390	917	22981	99392	
河池市	234	40789	19860	1639	36141	196626	
来宾市	42	25757	11535	882	19783	140514	
崇左市	60	23911	11052	760	24525	136734	

资料来源：广西统计局．广西统计年鉴 2014［M］．北京：中国统计出版社．2014.

计算广西城市体系中各个行业就业人口占各城市多种行业就业人口总数的百分比，根据乌尔曼和达西的最低必要量法，各个城市中百分比最低者即为该行业的最低必要量，得到广西城市体系各个城市基本经济活动中的部门职工比重和最低必要量（见表4－15）。

表4－15　2013年广西城市体系各城市城镇单位分行业从业人员比重和最低必要量

单位：%

城市	农、林、牧、渔业	采矿业	制造业	电力、燃气及水的生产和供应业	建筑业	批发和零售业	交通仓储邮政
南宁市	1.64	0.02	16.32	1.18	22.18	5.33	4.74
柳州市	0.83	0.24	27.72	1.64	26.47	3.00	3.39
桂林市	1.25	1.18	20.31	3.22	13.97	4.26	3.17
梧州市	0.59	1.73	32.10	3.41	4.60	2.63	3.61
北海市	3.58	0.89	25.33	2.09	10.35	2.08	3.44
防城港市	10.62	1.32	15.23	2.59	14.69	1.61	8.34
钦州市	2.41	0.74	14.48	1.90	24.20	2.68	3.95
贵港市	0.76	0.18	16.21	2.61	8.84	2.77	5.25
玉林市	2.52	0.06	27.54	2.15	11.93	3.29	3.57
百色市	1.89	5.18	15.06	4.81	5.93	3.64	4.19
贺州市	1.60	1.15	15.87	4.59	2.04	2.43	2.71
河池市	1.78	4.57	15.11	4.07	4.82	3.50	3.99
来宾市	6.43	2.12	17.47	4.85	9.04	2.59	2.66
崇左市	10.92	3.43	16.24	3.81	2.81	2.39	2.93
最低需要量	0.59	0.02	14.48	1.18	2.04	1.61	2.66

城市	住宿和餐饮业	信息传输、计算机服务和软件业	金融业	房地产业	租赁和商务服务业	科学研究、技术服务和地质勘查业	水利、环境和公共设施管理业
南宁市	2.20	2.07	3.71	2.55	4.10	3.73	2.45
柳州市	0.84	0.58	2.14	2.78	3.62	2.30	2.80
桂林市	2.71	0.96	3.28	2.17	2.59	2.09	3.63
梧州市	0.59	1.45	3.03	2.72	1.29	1.50	1.53
北海市	1.89	1.42	4.51	2.15	1.59	2.36	3.19

续表

城市	住宿和餐饮业	信息传输、计算机服务和软件业	金融业	房地产业	租赁和商务服务业	科学研究、技术服务和地质勘查业	水利、环境和公共设施管理业
防城港市	0.89	1.42	1.64	2.45	1.47	1.44	2.80
钦州市	0.79	0.73	1.88	1.18	1.23	1.33	1.54
贵港市	0.74	1.11	3.28	0.91	0.69	1.47	2.21
玉林市	0.51	1.22	2.61	1.16	1.65	1.54	1.89
百色市	0.99	0.76	2.28	1.13	0.57	1.75	2.41
贺州市	0.69	1.79	4.08	0.55	1.42	2.08	1.75
河池市	0.97	1.54	2.97	0.88	1.53	2.13	1.96
来宾市	0.36	2.04	2.64	2.04	1.92	2.18	2.38
崇左市	0.81	1.17	2.75	1.08	2.17	3.21	2.16
最低需要量	0.36	0.58	1.64	0.55	0.57	1.33	1.53

城市	居民服务和其他服务业	教育	卫生、社会保障和社会福利业	文化、体育和娱乐业	公共管理和社会组织	合计	
南宁市	0.14	11.91	5.77	1.40	8.54	100.00	
柳州市	0.13	9.19	5.39	0.50	6.45	100.00	
桂林市	0.34	14.59	6.98	1.20	12.10	100.00	
梧州市	0.04	17.64	8.17	0.77	12.58	100.00	
北海市	0.21	15.73	6.74	0.90	11.57	100.00	
防城港市	0.04	13.12	6.27	0.50	13.55	100.00	
钦州市	0.21	19.93	9.24	0.51	11.07	100.00	
贵港市	0.25	28.90	9.22	0.25	14.36	100.00	
玉林市	0.13	21.24	7.40	0.56	9.04	100.00	
百色市	0.08	18.73	9.03	0.62	20.95	100.00	
贺州市	0.03	23.71	9.45	0.92	23.12	100.00	
河池市	0.12	20.74	10.10	0.83	18.38	100.00	
来宾市	0.03	18.33	8.21	0.63	14.08	100.00	
崇左市	0.04	17.49	8.08	0.56	17.94	100.00	
最低需要量	0.03	9.19	5.39	0.25	6.45		

资料来源：广西统计局．广西统计年鉴 2014 [M]．北京：中国统计出版社．2014.

4.3.3.4 广西城市体系各城市职能强度分析

一个城市所有经济活动部门中基本就业人口比例最高的那项经济活动职能就是该城市的优势职能。借用纳尔逊的平均职工比重加标准差的方法分析突出职能。根据公式 4－7[123][124]确定城市各部门的职能强度指数：

$$Q = (X_i - M)/\sigma \quad \text{（公式 4－7）}$$

式中 Q 为某职能部门的强度指数，X_i 为该部门基本部分的实际比重值，M 为所有城市该部门基本部分实际比重的平均值，σ 为标准差。得出广西城市体系各城市的职能强度指数（见表 4－16）。

表 4－16　　2013 年广西城市体系各城市职能强度指数

城市	农、林、牧、渔业	采矿业	制造业	电力、燃气及水的生产和供应业	建筑业	批发和零售业	交通仓储邮政
南宁市	－0.5079	－1.0062	－0.5822	－1.5983	1.3884	2.5391	0.5347
柳州市	－0.7524	－0.8674	1.4146	－1.2113	1.9499	－0.0158	－0.4343
桂林市	－0.6245	－0.2838	0.1167	0.1332	0.3147	1.3603	－0.5944
梧州市	－0.8215	0.0612	2.1815	0.2898	－0.9105	－0.4233	－0.2766
北海市	0.0691	－0.4645	0.9955	－0.8322	－0.1584	－1.0240	－0.3996
防城港市	2.1732	－0.1936	－0.7727	－0.4026	0.4087	－1.5311	3.1093
钦州市	－0.2805	－0.5560	－0.9032	－0.9924	1.6530	－0.3631	－0.0310
贵港市	－0.7723	－0.9046	－0.6010	－0.3840	－0.3566	－0.2622	0.9009
玉林市	－0.2457	－0.9857	1.3832	－0.7754	0.0483	0.2985	－0.3045
百色市	－0.4331	2.2244	－0.8023	1.4800	－0.7365	0.6833	0.1368
贺州市	－0.5207	－0.3007	－0.6605	1.2950	－1.2451	－0.6429	－0.9227
河池市	－0.4674	1.8422	－0.7932	0.8500	－0.8817	0.5281	－0.0015
来宾市	0.9202	0.3067	－0.3799	1.5162	－0.3297	－0.4646	－0.9548
崇左市	2.2636	1.1281	－0.5964	0.6320	－1.1443	－0.6823	－0.7623

续表

城市	住宿和餐饮业	信息传输、计算机服务和软件业	金融业	房地产业	租赁和商务服务业	科学研究、技术服务和地质勘查业	水利、环境和公共设施管理业
南宁市	1.7010	1.7068	1.0042	1.1365	2.3301	2.4768	0.1961
柳州市	-0.3509	-1.6109	-0.9852	1.4403	1.8383	0.3282	0.7926
桂林市	2.4649	-0.7621	0.4685	0.6283	0.7718	0.0174	2.1948
梧州市	-0.7166	0.3277	0.1498	1.3621	-0.5717	-0.8665	-1.3595
北海市	1.2329	0.2496	2.0251	0.6018	-0.2690	0.4265	1.4491
防城港市	-0.2710	0.2542	-1.6144	1.0019	-0.3832	-0.9542	0.7846
钦州市	-0.4201	-1.2938	-1.3064	-0.6819	-0.6400	-1.1299	-1.3520
贵港市	-0.4989	-0.4265	0.4579	-1.0512	-1.1989	-0.9167	-0.2174
玉林市	-0.8474	-0.1985	-0.3860	-0.7098	-0.2013	-0.8093	-0.7645
百色市	-0.1197	-1.2174	-0.8047	-0.7562	-1.3222	-0.5008	0.1258
贺州市	-0.5633	1.0874	1.4797	-1.5245	-0.4350	0.0049	-0.9885
河池市	-0.1478	0.5283	0.0661	-1.0824	-0.3274	0.0750	-0.6388
来宾市	-1.0734	1.6573	-0.3516	0.4539	0.0733	0.1570	0.0723
崇左市	-0.3897	-0.3023	-0.2028	-0.8188	0.3352	1.6916	-0.2945

城市	居民服务和其他服务业	教育	卫生、社会保障和社会福利业	文化、体育和娱乐业	公共管理和社会组织		
南宁市	0.1631	-1.2447	-1.4704	2.2914	-1.1486		
柳州市	-0.0089	-1.8052	-1.7448	-0.7746	-1.6027		
桂林市	2.3079	-0.6923	-0.6188	1.6082	-0.3775		
梧州市	-0.9967	-0.0622	0.2207	0.1527	-0.2726		
北海市	0.8843	-0.4573	-0.7927	0.5947	-0.4910		
防城港市	-0.9741	-0.9946	-1.1206	-0.7726	-0.0620		
钦州市	0.8670	0.4092	0.9709	-0.7195	-0.6000		
贵港市	1.3583	2.2575	0.9555	-1.6187	0.1122		
玉林市	-0.0122	0.6790	-0.3278	-0.5498	-1.0400		
百色市	-0.4628	0.1608	0.8276	-0.3516	1.5424		

续表

城市	居民服务和其他服务业	教育	卫生、社会保障和社会福利业	文化、体育和娱乐业	公共管理和社会组织		
贺州市	-1.0849	1.1883	1.1187	0.6722	2.0133		
河池市	-0.0831	0.5768	1.5790	0.3699	0.9852		
来宾市	-1.0552	0.0793	0.2459	-0.3291	0.0524		
崇左市	-0.9026	-0.0945	0.1568	-0.5731	0.8889		

资料来源：广西统计局．广西统计年鉴2014［M］．北京：中国统计出版社．2014.

根据各城市的职能强度指数，我们将广西城市体系中各城市的城市职能指数1以上的产业进行归类，得出广西城市体系中各城市的城市优势职能和强势职能（见表4－17）。

表4－17　　广西城市体系各城市职能类型分布

城市	优势职能（城市职能强度指数>1）	城市职能强度指数	强势职能（城市职能强度指数>1.5）
南宁市	金融业	1.0042	第三产业： 文化、体育和娱乐业 租赁和商务服务业 科学研究、技术服务和地质勘查业 批发和零售业
	房地产业	1.1365	
	建筑业	1.3884	
	住宿和餐饮业	1.7010	
	信息传输、计算机服务和软件业	1.7068	
	文化、体育和娱乐业	2.2914	
	租赁和商务服务业	2.3301	
	科学研究、技术服务和地质勘查业	2.4768	
	批发和零售业	2.5391	

续表

城市	优势职能（城市职能强度指数>1）	城市职能强度指数	强势职能（城市职能强度指数>1.5）
柳州市	制造业	1.4146	第三产业：租赁和商务服务业 第二产业：建筑业
	房地产业	1.4403	
	租赁和商务服务业	1.8383	
	建筑业	1.9499	
桂林市	批发和零售业	1.3603	第三产业： 文化、体育和娱乐业 水利、环境和公共设施管理业 居民服务和其他服务业 住宿和餐饮业
	文化、体育和娱乐业	1.6082	
	水利、环境和公共设施管理业	2.1948	
	居民服务和其他服务业	2.3079	
	住宿和餐饮业	2.4649	
梧州市	房地产业	1.3621	第二产业：制造业
	制造业	2.1815	
北海市	住宿和餐饮业	1.2329	第三产业：金融业
	水利、环境和公共设施管理业	1.4491	
	金融业	2.0251	
防城港市	房地产业	1.0019	第一产业：农、林、牧、渔业 第三产业：交通仓储邮政
	农、林、牧、渔业	2.1732	
	交通仓储邮政	3.1093	
钦州市	建筑业	1.6530	第二产业：建筑业
贵港市	居民服务和其他服务业	1.3583	第三产业：教育
	教育	2.2575	
玉林市	制造业	1.3832	无
百色市	电力燃气及水生产供应	1.4800	第三产业：公共管理和社会组织 第二产业：采矿业
	公共管理和社会组织	1.5424	
	采矿业	2.2244	

续表

城市	优势职能（城市职能强度指数 >1）	城市职能强度指数	强势职能（城市职能强度指数 >1.5）
贺州市	信息传输、计算机服务和软件业	1.0874	第三产业：公共管理和社会组织
	卫生、社会保障和社会福利业	1.1187	
	教育	1.1883	
	电力燃气及水生产供应	1.2950	
	金融业	1.4797	
	公共管理和社会组织	2.0133	
河池市	电力燃气及水生产供应	1.5162	第二产业：电力燃气及水生产供应 第三产业：信息传输、计算机服务和软件业
	信息传输、计算机服务和软件业	1.6573	
崇左市	采矿业	1.1281	第三产业：科学研究、技术服务和地质勘查业 第一产业：农、林、牧、渔业
	科学研究、技术服务和地质勘查业	1.6916	
	农、林、牧、渔业	2.2636	

根据表 4－17，可归纳出广西城市体系内各城市的职能特点：

南宁市：作为广西壮族自治区的首府，南宁市地理位置优越，是中国—东盟自由贸易区的前沿中心城市，主要承担了文化、体育和娱乐业、租赁和商务服务业、科学研究、技术服务和地质勘查业以及批发和零售业是南宁市的等方面的职能，第三产业发展基本上处于区内领先的地位。

柳州市：作为广西壮族自治区最大的工业城市，柳州在制造业和房地产业表现突出，建筑业以及租赁和商务服务业是柳州的强势产业。因此，柳州市在广西城市体系中承担的更多是生产制造方面的职能。

桂林市：作为闻名海内外的旅游城市，桂林的第三产业较为发达，文化、体育和娱乐业、水利、环境和公共设施管理业、居民服务和其他服务业以及住宿和餐饮业是桂林市的强势产业。在广西城市体系内桂林更多的旅游及其相关支持职能。

梧州市：制造业是支撑梧州市发展的强势职能。

北海市：金融业支撑了北海市的发展，但是北海市并不具备承担整个城市体系金融职能的实力。

防城港市：作为西南地区门户，防城港市拥有中国西部地区第一大港——防城港。农、林、牧、渔业以及交通仓储邮政也成为防城港市的强势产业，这也很大程度上表现出沿海城市防城港在广西城市体系中承担了与海洋相关的第一产业生产以及交通运输仓储方面的职能。

钦州市：建筑业是支撑钦州市发展的强势职能。

贵港市：贵港市的强势产业是教育。

玉林市：玉林市具有优势的职能是制造业，但是该产业并不突出，并没有成长为强势产业。

百色市：百色市是重要的有色金属矿产地，采矿业成为百色市最为强势的产业，公共管理和社会组织次之，在百色市的发展中也起到相当重要的作用。因此，百色市在广西城市体系中主要承担的是与矿产相关的生产职能。

贺州市：公共管理和社会组织是促进贺州市经济和社会发展的强势产业。

河池市：电力燃气及水生产供应以及信息传输、计算机服务和软件业是河池市的强势产业，但是对于广西城市体系并没有特别突出的贡献。

崇左市：科学研究、技术服务和地质勘查业以及农、林、牧、渔业是崇左市的强势产业。

4.3.3.5　广西城市体系职能结构分析

第一，广西城市体系中，各城市的强势职能体系呈现出分散的状况，说明各个城市正努力朝适合各城市优势资源的方向发展，对广西经济社会良性发展产生促进作用。过去十年间，广西各城市间职能结构差异不显著，趋同性较强。但从目前的情况来看，广西城市体系各城市已经意识到了特色发展对城市经济社会健康快速可持续发展的重要性，因此纷纷打造城市强势、突出和优势职能，形成城市职能结构多元化，城市间职能结构互补化，更加有利于广西城市体系职能结构的调整和完善。

第二，广西城市体系中各城市的突出职能建设并不完善，不是所有的城市都具备城市发展的突出职能，在一个城市体系的城市中，如果只有强势职能一枝独秀，没有必要的突出职能和优势职能相辅助和支撑，那么这个城市体系的职能结构是不健康的，是不能够持续发展的。因此，各城市应该加快建设完善其突出职能，使得各城市在强势职能和优势职能之间能够形成一个有形的过度桥梁，使广西城市体系职能结构更加健康。

第三，通过对广西城市体系职能结构中的优势职能的考察，虽然各城市的优势职能数量可观，可是根据表 4－17 中数据可以清晰的发现，各城市的优势职能所得分值并不高，有些甚至濒临退出优势职能行列。因此，巩固优化各城市的优势职能是各城市亟待解决的问题。

在广西各城市体系职能结构中，有强势职能的带动，突出职能的衔接和优势职能的补充，将形成广西城市体系发展的主要动力，进一步调整和完善广西城市体系职能结构是促进广西社会经济发展的关键。

4.4 广西城市体系发展的人才需求

“十二五”以来，广西重点推进 14 个千亿元产业以及四个战略新兴产业发展，推进农业现代化，发展现代服务业成为广西“十二五”期间产业结构调整的主要任务。城市产业结构调整和城市发展是推动广西城市体系职能发展的主要抓手，产业发展对于人才培养工作也提出了全新的要求。在这样的背景下，为了适应产业调整和发展的要求，《广西壮族自治区人才发展“十二五”规划》提出要加强重点工业产业、现代服务业人才和特色农业人才开发。到2015 年，广西区的人才资源总量将达到270 万人，对于专业技术人才的需求最大达到 103. 8 万人，另需农村实用人才 37 万人，高技能人才 28 万人，党政人才 19. 5 万人，企业经营管理人才 17. 5 万人，社会工作人才 2. 8 万人[125]。

从广西要重点开发的千亿元产业发展的人才需求来看（见表 4 – 18），食品产业专业人才缺口最大，其他产业对于专业人才也有明显的需求。

表 4 – 18　　广西千亿元产业人才开发目标一览表

产业	2015 年人才总量目标（万人）
食品	15. 66
汽车	6. 51
石化	7. 24
电力	5. 99
有色金属	5. 29
冶金	4. 83
机械	5. 48
建材	3. 70
造纸与木材加工	2. 91
电子信息	1. 50
医药制造	1. 80
纺织服装与皮革	1. 57
生物产业	1. 20
修造船及海洋工程装备	1. 50
合计	65. 18

注：本表数据出自《广西壮族自治区人才发展“十二五”规划》。

从社会发展的重点领域来看，广西区在社会发展重点领域培养开发急需紧缺专门人才100万人，其中教育人才53.59万人、医疗卫生人才25.15万人、宣传思想文化人才13.46万人、政法人才6.42万人、社会工作人才2.8万人、防灾减灾人才2.5万人。各领域的专业人才在整体素质和能力也需要大幅度提升，人才结构也需要进行调整[126]。

第 5 章

广西普通高等教育内涵式发展现状分析

5.1 广西普通高等学校概况

5.1.1 广西普通高等学校的发展状况

随着广西经济发展和社会进步，广西教育事业也迈上新台阶，2002 年，广西区的高等教育毛入学率达到 15%，这标志着广西高等教育进入了大众化阶段。2013 年，广西高等教育毛入学率达到了 27.3%[127]，但是与全国高等教育毛入学率 34.5% 仍然有比较明显的差距[128]。广西的人口数量已经超过了 5200 万人，位列全国各省人口排行第十位[129]，广西区普通本科招生直到 2014 年才首次突破 10 万人，每十万人口高等教育在校学生数仅为 1939，低于全国平均水平 2418。从高等教育毛入学率和高等教育规模上来看，全国层面上的高等教育已经进入了大众化的阶段，但是广西的高等教育大众化仍然处于较低水平。

21 世纪以来，广西普通高等学校数量明显增加已经从 2000 年的 30 所增加到了 2013 年的 70 所，近几年没有继续增加。但是，各校的招生人数仍然在不断地增加，2013 年的招生数几乎是 2000

年的5倍，在校学生数基本上是2000年的11倍（见表5-1）。与此同时专任老师也不断地增加，2013年的专任教师规模约为2000年的3.95倍，从这个角度来看，广西普通高等学校专任教师的增速明显小于在校生的扩张速度。

表5-1　　广西主要年份普通高等学校的基本情况

年份	普通高等学校（所）	毕业生人数（万人）	招生人数（万人）	在校学生数（万人）	专任教师（人）
1995	27	1.78	2.04	6.00	7542
2000	30	2.02	4.72	11.79	9326
2005	51	6.49	11.67	33.83	19610
2006	55	8.23	13.37	38.74	22450
2007	56	10.32	15.31	43.43	25088
2008	58	11.06	16.37	48.42	27545
2009	68	12.15	17.01	52.83	29459
2010	70	13.81	18.38	56.75	31650
2011	70	15.11	18.83	60.01	33459
2012	70	16.22	19.73	62.92	35027
2013	70	16.50	20.07	64.42	37437

资料来源：广西统计局．广西统计年鉴2014［M］．北京：中国统计出版社．2014.

2015年2月，广西壮族自治区政府出台了《关于深化高等教育综合改革的意见》，明确提出：到2020年，实现“一个格局、一个体系、两个达到、四大突破”的目标。“一个格局”即形成政府宏观管理、高校依法自主办学、社会广泛参与支持、开放有序、充满活力的高等教育发展新格局；“一个体系”即建成服务党委政府决策、推动经济发展和产业升级、引领社会进步和文化繁荣、具有广西特色的高等教育体系；“两个达到”即高校在校生规模达到100万人以上，高等教育毛入学率达到40%以上；“四大突破”即在高水平大学建设、高水平学科专业建设、高层次人才队伍建设、高水平科研创新平台建设上取得新突破。与《全面提高教育质量振兴广西高等教育的若干意见》中所提出的高等教育发展目标基本一致。可以预见，未来几年加强师资队伍建设，推进高等教育大众化仍然是广西普通高等教育发展的趋势和重心。

5.1.2　广西普通高等学校学科建设与人才培养情况

公共财政教育事业经费和高等学校 R&D 人员数量是反映高等学校发展的重要指标。2013 年全国平均公共财政教育事业经费达到了 15591.72 亿元，较 2012 年增长 -4.74%。广西 2013 年普通高等学校公共财政预算教育事业经费达到了 13382.09 亿元，低于全国平均水平，但是与 2012 年相比增长了 7.48%，仍然保持着增长的势头，2014 年广西将筹措千亿元投入教育发展中，其中高等教育就是重心。

“十一五”以来，广西的高等学校 R&D 人员也明显增加，从广西区理工农医类高等学校与人文社科类高等学校 R&D 人员对比情况来看（见表 5-2），理工农医类高等学校 R&D 人员数量明显多于人文社科类高等学校 R&D 人员。由此可见，在广西高等学校广西高等学校理工农医类的师资力量更加雄厚。

表 5-2　广西区高等学校理工农医类与人文社科类 R&D 人员对比（2009～2012 年）

		理工农医类高等学校				人文社科类高等学校			
年份		2009	2010	2011	2012	2009	2010	2011	2012
学校数	（个）	27	70	70	25	32	23	70	24
从业人员	（人）	48304	50701	52830	53344	11227	10203	10481	11240
R&D 人员合计	（人）	11140	11776	11842	12417	6395	7605	10039	8876
	女性	2664	3022	2956	3228	2410	3195	4437	3980
	博士毕业	1524	1379	1726	2111	903	1016	1435	1364
	硕士毕业	3411	4152	3939	3906	3164	3465	4496	4080
	本科毕业	4012	4124	3964	4044	1711	2517	3771	3154
	全时人员	8907	9420	9471	9932	40	31	22	11

续表

		理工农医类高等学校				人文社科类高等学校			
年份		2009	2010	2011	2012	2009	2010	2011	2012
R&D 人员全时当量	（人年）	7423	7850	7894	8276	2101	1943	2382	1928
	研究人员	6282	6303	6197	6578	1430	1513	1851	1626
	基础研究	2897	3122	3433	3485	1305	1162	1263	1190
	应用研究	3976	3943	3938	4297	683	760	1096	728
	试验发展	550	788	524	494	113	20	23	11

资料来源：中华人民共和国教育部发展规划司．中国教育统计年鉴 2013［M］．北京：人民教育出版社．2013.

广西普通高等学校不断深化人才培养机制，培养高素质劳动者和技能型人才，2010 年实施了教育服务广西新发展行动计划，2012 年广西又发布了高等职业教育攻坚五年计划，扩大本科院校对口试点范围，实施五年制高等职业教育人才培养方案，加快搭建人人成才、多样化成才的人才培养立交桥。围绕打造有色金属、冶金、食品、汽车、机械、建材、石化、电力、电子信息、医药制造、造纸与木材加工、纺织服装与皮革、生物、修造船及海洋工程装备等 14 个千亿元产业发展需要，大力培养千亿元产业发展急需的各类人才。创新高校人才培养机制，2010 年我国启动了“卓越工程师教育培养计划”，在这样的背景下广西先后实施了卓越工程师、卓越医生、卓越法律人才等卓越教育培养计划。同时，进一步完善高等学校质量年度报告发布制度，制定广西研究生教育改革方案实施意见，不断完善学术型和专业型研究生培养模式，建立健全研究生质量评价监督体系和教育质量保障体系。

在特色高等教育发展方面，广西首先对高等教育的布局进行了优化，鼓励具备条件的高校升格或改制，2012 年桂林航天工业高等专科学校正式升格为本科院校；2013 年，钦州学院成为全国首批应用技术大学改革试点高校，2014 年，广西启动了更大规模的应用技术大学建设试点。其次，广西积极研究和编制高校发展定位规划，对区内的高校也不断加强对高校发展定位规划的指导；实施高等学校特色发展计划，对高校发展的重大项目进行分类管理、分类指导和分类评估。再次，实施高等学校创新能力提升计划，目前已经建立了首批 22 个广西协同创新中心，通过大力推进科技创新平台建设、广西高校重点实验室建设和广西高校人文社会科学研究基地建设等，不断提升高校服务地方经济社会发展活动的能力，促进地方发展。最后，加强博士、硕士学位授予单位建设，大力发展研究生教育。2013 年包括广西大学、桂林理工大学等 12 所学校的 28 个硕士专业学位授权，继续组织实施研究生教育创新工程，提高广西研究生教育创新计划项目支持力度，设立博士研究生海外研修计划项目。

从广西区普通高等学校分学科学生数来看（见表 5－3），各普通高等学校分学科学生数差异明显，哲学、经济学、法学、教育学、文学、历史学、理学、工学、农学、医学和管理学的在校学生数的比例分别达到了 0.07%、5.72%、2.67%、4.40%、12.23%、0.41%、7.05%、26.64%、1.01%、9.94%和 18.36%。其中，工学和管理学的比例最大，分别达到了 26.64%和 18.36%，哲学和历史学的比例最低，仅有 0.07%和 0.41%，这也反映出广西的高等教育人才培养的方向主要是工学和管理学。除此之外，高等学校教师的负担明显增加，2000 年普通高等学校每个教师负担学生数为 12.6，2013 年则上升到了 18.1。

表 5－3　　广西区普通高等学校分学科学生数（2013 年）

项目	毕业生数	招生数	在校学生数	预计毕业生数
哲学	41	89	221	50
经济学	3700	5043	18915	4183
法学	2112	2403	8837	2237
教育学	2231	4723	14557	2669
文学	8671	10764	40447	9113
历史学	281	350	1366	326

续表

项目	毕业生数	招生数	在校学生数	预计毕业生数
理学	4914	6200	23311	5590
工学	17441	25312	88105	19460
农学	736	880	3325	770
医学	4901	8239	32875	5544
管理学	12408	17964	60731	13697
总计	65083	92709	330734	71938

资料来源：广西统计局．广西统计年鉴 2014［M］．北京：中国统计出版社．2014.

5.2 广西本科层次高等学校学科建设与人才培养情况

高等教育内涵式发展的具体表现在高校的学科建设和人才培养上，一个高校的内涵式发展程度的优劣，主要是由其学科建设的好坏和人才培养的优劣来决定的。因此，考察广西各本科高校的高等教育内涵式发展情况，必须先考察各本科高校的学科建设和人才培养。

5.2.1 广西本科层次普通高等学校总体情况

截至 2013 年年底，广西区一共有 76 所高等学校，其中普通高等学校 70 所，独立设置的成人高校 6 所，普通本科院校 32 所（含 8 所大学、9 所独立学院），高等专科学校 6 所，高等职业学校 32 所（见附录一）。根据艾瑞深中国校友会网编制完成《2015 中国大学评价研究报告》（见表 5－4），从广西各高校的在全国的排名来看，广西的高校在人才培养、科学研究和社会影响方面都偏弱，在排名上也比较靠后。在中国大学 2015 年排行榜 700 强中，广西仅有广西大学一所高校进入了全国百强，广西师范大学排名 145，排名 200～300 名的有桂林理工大学、广西医科大学、桂林电子科技大学和广西民族大学，排名 300 ~ 400 名的有广西中医药大学、桂林医学院和广西财经学院，排名 400 ~ 500 名的有广西师范学院、广西科技大学和玉林师范学院，其余高校均在 500 名以外。

在办学类型上，除了广西大学为区域研究型大学，广西师范大学为专业型大学以外，其他学校均为应用型大学。

表 5 – 4　　　　2015 年广西大学排行榜

地区排名	学校名称	类型	全国排名	总分	人才培养	科学研究	社会影响	2015 年办学类型、等级和层次		
								办学类型	星级排名	办学层次
1	广西大学	综合	89	63.67	63.92	61.86	66.04	区域研究型	3 星级	中国知名大学
2	广西师范大学	师范	145	62.33	61.91	61.39	64.89	专业型	3 星级	中国知名大学
3	桂林理工大学	理工	219	61.44	61.38	60.66	62.85	应用型	2 星级	区域高水平大学
4	广西医科大学	医药	235	61.38	60.87	60.5	64.08	应用型	2 星级	区域高水平大学
5	桂林电子科技大学	理工	242	61.36	61.52	60	63.22	应用型	2 星级	区域高水平大学
6	广西民族大学	民族	253	61.3	60.8	60.37	64.02	应用型	2 星级	区域高水平大学
7	广西中医药大学	医药	378	60.75	60.35	60.34	62.39	应用型	1 星级	区域知名大学
8	桂林医学院	医药	383	60.73	60.27	60.14	62.8	应用型	1 星级	区域知名大学
9	广西财经学院	财经	387	60.72	60.35	60.15	62.56	应用型	1 星级	区域知名大学
10	广西师范学院	师范	421	60.61	60.42	60.22	61.7	应用型	1 星级	区域知名大学

续表

地区排名	学校名称	类型	全国排名	总分	人才培养	科学研究	社会影响	2015年办学类型、等级和层次		
								办学类型	星级排名	办学层次
11	广西科技大学	理工	456	60.55	60.3	60.14	61.85	应用型	1星级	区域知名大学
12	玉林师范学院	师范	477	60.52	60.06	60.07	62.37	应用型	1星级	区域知名大学
13	右江民族医学院	医药	506	60.48	60.15	60.17	61.79	应用型	1星级	区域知名大学
14	百色学院	综合	583	60.39	60.15	60.02	61.57	应用型	1星级	区域知名大学
15	钦州学院	综合	601	60.37	60.19	60.05	61.37	应用型	1星级	区域知名大学
16	桂林航天工业学院	理工	632	60.34	60.11	60.01	61.45	应用型	1星级	区域知名大学
17	梧州学院	综合	643	60.32	60.06	60.04	61.42	应用型	1星级	区域知名大学
18	河池学院	综合	658	60.3	60.07	60	61.38	应用型	1星级	区域知名大学
19	贺州学院	综合	667	60.29	60.04	60.02	61.33	应用型	1星级	区域知名大学
19	广西民族师范学院	师范	667	60.29	60	60.01	61.46	应用型	1星级	区域知名大学

数据来源：艾瑞深中国校友会网.2015中国大学评价研究报告［DB/OL］http://www.cuaa.net/cur/2015/index_700.shtml。

5.2.2 广西本科层次普通高等学校分布情况

目前，广西壮族自治区拥有的本科高校（二本及以上，不含独立学院）共有23所。分别是广西大学、广西医科大学、广西民族大学、广西中医药大学、广西财经学院、广西师范学院、广西艺术大学、南宁学院、广西外国语学院、广西师范大学、桂林电子科技大学、桂林理工大学、桂林医学院、桂林航天工业学院、右江民族医学院、百色学院、广西科技大学、玉林师范学院、广西民族师范学院、贺州学院、梧州学院、钦州学院和河池学院。这些本科高校的分布情况如表5-5、图5-1所示。

表5-5　　　　广西本科高校分布

城市	本科高校
南宁市（9所）	广西大学、广西医科大学、广西民族大学、广西中医药大学、广西财经学院、广西师范学院、广西艺术大学、南宁学院、广西外国语学院
桂林市（5所）	广西师范大学、桂林电子科技大学、桂林理工大学、桂林医学院、桂林航天工业学院
百色市（2所）	右江民族医学院、百色学院
柳州市（1所）	广西科技大学
玉林市（1所）	玉林师范学院
崇左市（1所）	广西民族师范学院
贺州市（1所）	贺州学院
梧州市（1所）	梧州学院
钦州市（1所）	钦州学院
河池市（1所）	河池学院

从图5-1可以发现，在广西的城市体系中，广西本科层次高等学校分布比较集中，南宁市和桂林市是广西高等教育的中心城市，区内排名前十的高等学校均分布于这两地，高等教育优势资源集中。一共有14所本科层次高等学校位于南宁市和桂林市，超过了全区的一半，其中南宁9所，桂林5所。百色市2所，柳州市、玉林市、崇左市、贺州市、梧州市、钦州市和河池市各有1所，防城港市、北海市、来宾市和贵港市目前没有本科层次高等学校。

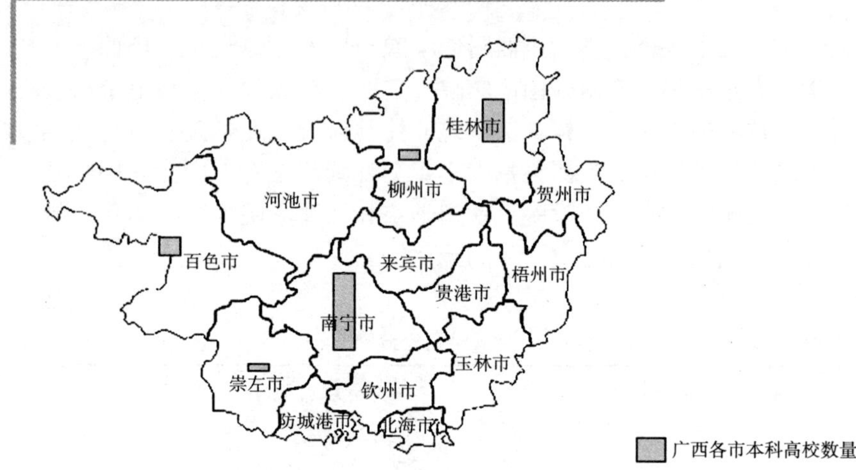

图 5-1　广西各城市本科高校分布

南宁市：全市一共有普通高等院校 31 所，其中本科层次高等学校 9 所：广西大学、广西医科大学、广西民族大学、广西中医药大学、广西财经学院、广西师范学院、广西艺术大学、南宁学院、广西外国语学院，其中，研究生培养单位 7 个。目前，南宁市普通高等学校专任教师超过 1 万人，在校学生 31.80 万人，2013 年全市普通高等学校招生规模首次超过 10 万人，毕业生人数也达到了 8.08 万人。在校研究生 13955 人，2013 年招收研究生 4990 人，毕业生人数达到了 4145 人。

桂林市：全市共有普通高等院校 9 所，其中本科层次高等学校 5 所：广西师范大学、桂林电子科技大学、桂林理工大学、桂林医学院、桂林航天工业学院，其中研究生培养单位 4 个。全市共有普通高等院校专任教师 6616 人，在校生 15.98 万人，2013 年共招收学生 5.4 万人，2013 年毕业学生 4.05 万人。

百色市：百色市的本科层次高等教育主要是由百色学院和右江民族医学院两所学校承担。其中，百色学院是硕士专业学位立项建设单位，右江民族医学院是研究生培养单位，并被教育部、卫生部批准为“第一批卓越医生教育培养计划项目试点高校”。两所本科层次高等学校目前共有本科全日制在校生 2 万人左右，专任教师 1209 人，研究生教育相对滞后。

柳州市：柳州市仅有一所本科层次高等学校——广西科技大学，该校是广西区内第一所拥有医学门类的综合性大学，目前有专任教师 1400 多人，在校学生约有 25000 人，2013 年成为博士学位授予权立项建设单位。

玉林市：玉林市仅有玉林师范学院一所本科层次高等学校，这也是桂东南地区唯一一所本科院校。该校目前有本专科学生 17000 人左右，专任教师 858 人，2013 年成为硕士学位立项建设单位，2014 年成为硕士专业学位立项建设单位，研究生教育尚处于起步阶段。

崇左市：崇左市只有一所本科层次的高等学校——广西民族师范学院，目前该校在校学生超过 11000 人，少数民族学生的比例达到了 45%，专任教师 487 人，该校目前有 26 个本科专业，涉及了文学、理学、教育学、经济学、管理学、工学、法学、艺术学八个门类，目前还没有研究生教育。

贺州市：贺州学院是贺州市唯一一所本科层次高等学校，该校现有在校生 10000 人左右，专任教师 549 人，有本科专业 32 个，专科专业 23 个，是一所以工学、理学、教育学为主，文学、经济学、管理学、艺术学、法学等多学科协调发展的应用型本科院校，2013 年贺州学院被列为广西新增硕士学位授予权建设单位。

梧州市：梧州市仅有梧州学院一所本科层次高等学校，该校目前有在校生 11000 多人，专任教师 559 人，一共有 38 个本科专业，29 个高职高专专业，工学、管理学和经济学是梧州学院的优势学科。目前，该校立项建设 3 个硕士学位授权学科，研究生教育也处在起步阶段。

钦州市：全国首批应用技术大学改革试点高校钦州学院是广西北部湾沿海唯一一所本科层次高等学校，也是钦州市唯一一所本科层次高等学校。该校现有在校生 10000 人左右，专任教师 561 人，一共有36个专业，2013年钦州学院成为硕士学位授权立项建设单位，研究生教育正在筹备。

河池市：河池学院现有在校生10000人左右，专任教师500人左右，本科专业41个。该校民族学、化学工程与技术、马克思主义理论、控制科学与工程、中国语言文学、教育学等6个一级学科被确定为2011～2015年自治区重点支持的硕士学位授权点建设学科。

5.2.3 广西本科层次普通高等学校学科建设情况

广西各本科高校的学科建设和人才培养的模式和方向各有不同，从广西各大学的优质学科分布（见表5－6）来看，广西各本科高校的学科领域涉及了中国三大产业，同时，其范围也涵盖了反映城市职能活动的所有部门。通过表5－6所示，各高校的学科建设情况已经比较清晰，通过考察各高校的人才培养情况，有利于全面测度各高校的内涵式发展状况。

表5－6　广西各本科高校优质学科分布

城市	本科高校	优质学科
南宁市	广西大学	农学、矿物资源工程、新闻学、林学、电气工程及其自动化、木材科学与工程、轻化工程、工商管理、自动化、英语、机械工程及自动化、水利水电工程（以上均为国家特色专业）；材料科学与工程、食品科学与工程、木材科学与工程、环境工程（以上均为自治区级急需专业建设点）
	广西医科大学	临床医学、口腔医学、预防医学、药学、护理学（以上均为国家级特色专业建设点）；七年制临床医学专业
	广西民族大学	非通用语种群（越南语、泰国语、老挝语、柬埔寨语、缅甸语、印度尼西亚语6个语种）、中国少数民族语言文学（壮语言文学）、民族学、档案学、对外汉语（以上均为国家级特色专业建设点）；政治学与行政学、法语、物理学、汉语言文学、应用化学、历史学、信息与计算科学、法学（以上均为自治区级优质专业）

续表

城市	本科高校	优质学科
南宁市	广西中医药大学	中医学、针灸推拿学、中药学（均为国家级特色专业建设点）
	广西财经学院	国际经济与贸易、工商管理（以上均为国家级特色专业建设点）；企业管理、金融学、财政学、会计学（以上均为自治区重点学科）；管理科学与工程、农林经济管理、统计学（以上均为自治区优势特色重点学科）
	广西师范学院	思想政治教育、教育学、汉语言文学、英语、地理科学、地理信息科学、化学、数学与应用数学、土地资源管理
	广西艺术学院	绘画、音乐表演、艺术设计、广告学（以上均为国家特色专业）；动画、雕塑、舞蹈学、音乐学、表演（以上均为自治区级特色专业）
	南宁学院	计算机科学与技术（4G 移动通信方向）、计算机科学与技术（移动应用开发方向）、交通运输、电气工程及其自动化、工商管理、会计学
	广西外国语学院	泰语、越南语、英语、国际经济与贸易、财务管理、市场营销、艺术设计学、汉语国际教育、网络工程、金融工程、行政管理、国际经济与贸易、播音与主持艺术、汉语言文学、软件工程
桂林市	广西师范大学	物理学、汉语言文学、思想政治教育、化学、历史学、数学与应用数学、法学（以上均为国家特色专业）；经济学、英语、生物科学、物理学、社会学等（以上均为区级优质专业）
	桂林电子科技大学	通信工程、测控技术与仪器、机械设计制造及其自动化、计算机科学与技术、信息与计算科学（以上为国家级特色专业）；机械设计制造及其自动化、工业设计、会计学、工业工程、环境工程、电气工程及其自动化、市场营销、材料科学与工程（以上为自治区级优质专业）
	桂林理工大学	环境工程、资源勘查工程、勘查技术与工程、化学工程与工艺、旅游管理（以上为国家级特色专业）；宝石与材料工艺学、测绘工程、土木工程、高分子材料与工程、无机非金属材料工程、工商管理、市场营销（以上为区级优质专业）
	桂林医学院	临床医学（广西重点专业）；药学和生物技术专业（国家级特色专业建设点）
	桂林航天工业学院	人力资源管理、市场营销、计算机网络技术、数控技术、模具设计与制造、制冷与冷藏技术

续表

城市	本科高校	优质学科
百色市	右江民族医学院	临床医学、康复治疗学、中药学、卫生检验与检疫
	百色学院	思想政治教育、语言学及应用语言学（以上均为广西高校优势特色重点学科）；金属材料工程、旅游管理、生物技术（以上均为广西高校特色专业）
柳州市	广西科技大学	机械工程及自动化、化学工程与工艺、土木工程、自动化、财务管理、车辆工程、测控技术与仪器、工业工程
玉林市	玉林师范学院	材料化学、制药工程（生物制药方向）、历史学、电子信息科学与技术、生物技术、汉语言文学、法学、学前教育、计算机科学与技术、英语（应用英语方向）、数学与应用数学、应用化学、应用物理学
崇左市	广西民族师范学院	旅游管理、化学工程与工艺、物流管理、汉语言文学、数学与应用数学、英语
贺州市	贺州学院	化学（精细化工方向）、汉语言文学、旅游管理、食品科学与工程（以上均为区级特色专业）
梧州市	梧州学院	国际经济与贸易、电子信息工程（以上为国家级特色专业）；软件工程、旅游管理、艺术设计（首饰设计方向）（以上为自治区级特色专业）
钦州市	钦州学院	汉语言文学（广西区高校优质专业）；海洋科学、轮机工程（广西区高校紧缺专业）
河池市	河池学院	汉语言文学（国家级特色专业）；行政管理、电子信息工程、数学与应用数学（以上均为区级特色专业）；生物科学（区级急需专业）

不同高校的学科侧重不同，强调了高等教育内涵式发展中的特色发展目标；各大学在发展优势学科的同时，也大力发展相对弱势学科，使得在学科建设方面达到协调发展的局面，这也在向高等教育内涵式发展的协调发展目标迈进。

5.2.4　广西本科层次普通高等学校人才培养情况

5.2.4.1　广西本科层次普通高等学校招生情况

招生计划是具有统招资格的高等学校根据国家社会经济发展的需要，在国家核定的年度招生规模内，结合近几年来毕业生就业情况和各省（直辖市、自治区）的生源情况，调整招生专业结构、层次结构、区域结构，自主合理地安排生源计划。根据广西壮族自治区内各本科高校 2013 年招生计划，归纳出各本科学校依据城市职能分类的招生计划表（见表 5－7）。

表 5－7　2013 年广西各本科高校依据城市职能分类招生数　单位：人

学校	采矿业	制造业	电力燃气及水生产供应	建筑业	交通仓储邮政	信息计算机软件	商业服务业
广西大学	150	105	150	275	30	165	220
广西医科大学	0	0	0	0	0	100	0
广西民族大学	0	50	120	40	50	400	665
广西中医药大学	0	0	0	0	0	0	60
广西财经学院	0	0	0	200	60	210	2050
广西师范学院	0	70	0	0	40	280	350
广西艺术学院	0	0	0	0	0	0	0
南宁学院	0	0	250	0	160	350	440
广西外国语学院	0	0	0	0	0	90	330
广西师范大学	0	142	0	42	100	781	689
桂林电子科技大学	80	655	200	230	303	1717	519
桂林理工大学	0	120	80	430	0	260	540
桂林医学院	0	0	0	0	0	50	60
桂林航天工业学院	0	260	260	0	270	380	430

续表

学校	采矿业	制造业	电力燃气及水生产供应	建筑业	交通仓储邮政	信息计算机软件	商业服务业
右江民族医学院	0	0	0	0	0	0	0
百色学院	0	0	50	230	0	340	240
广西科技大学	0	430	120	250	690	720	540
玉林师范学院	0	0	0	0	0	565	230
广西民族师范学院	0	0	0	0	100	224	351
贺州学院	0	45	45	50	0	250	100
梧州学院	0	150	45	0	0	580	555
钦州学院	0	104	98	0	138	166	344
河池学院	0	100	50	0	0	560	100

学校	金融房地产	科技服务和地质勘查	水利环境管理	教育	卫生保险和社会福利	文体娱乐	公共管理社会组织
广西大学	80	220	345	262	60	883	325
广西医科大学	0	0	0	35	1575	0	130
广西民族大学	50	40	102	1019	350	539	500
广西中医药大学	0	30	0	0	1390	0	40
广西财经学院	360	50	40	30	175	240	485
广西师范学院	0	200	80	1394	50	330	246
广西艺术学院	0	0	149	480	0	1704	0
南宁学院	0	0	0	0	0	0	0
广西外国语学院	70	0	0	330	0	200	80
广西师范大学	42	109	254	1802	200	320	284
桂林电子科技大学	0	370	122	210	130	234	160
桂林理工大学	80	1000	400	150	0	350	160
桂林医学院	0	0	0	0	1530	0	70
桂林航天工业学院	0	0	0	0	0	0	0
右江民族医学院	0	0	0	0	1520	0	80
百色学院	0	330	50	1000	0	160	0

续表

学校	金融房地产	科技服务和地质勘查	水利环境管理	教育	卫生保险和社会福利	文体娱乐	公共管理社会组织
广西科技大学	80	430	90	30	40	210	200
玉林师范学院	0	330	137	1865	200	273	150
广西民族师范学院	67	68	94	1338	90	69	167
贺州学院	0	160	0	830	0	380	90
梧州学院	45	85	35	395	135	230	95
钦州学院	0	399	40	583	0	234	64
河池学院	0	300	0	1030	60	190	230

通过表 5 - 7，将广西壮族自治区内各本科高校 2013 年的招生计划人数按照相关城市职能部门进行了分类，从分类之后的效果可以得出以下结论:

第一，在广西区内各高校中，对于采矿业人才的培养力度不足，整个区内高校，只有广西大学和桂林电子科技大学制订了采矿业的招生计划，其中只有广西大学设有自治区级急需专业建设点矿物资源工程，对采矿业人才进行培养，其他高校对采矿业人才的培养不足。

第二，广西区内各高校对于信息计算机软件、商业服务业、科技服务和地质勘查、教育、卫生保险和社会福利、文体娱乐和公共管理社会组织方面人才的招生计划十分丰富，这些城市职能目前是城市社会经济发展中都占有十分重要的作用，高校在招生方面也顺应发展潮流，在这些行业的人才培养方面投入巨大。

第三，在制造业、电力燃气及水生产供应、建筑业、交通仓储邮政、金融房地产、水利环境管理这六个城市职能部门来看，广西区内高校的招生计划各有千秋，这主要是根据各高校的办学性质和办学基础来决定的。

第四，从高校方面来看，综合性大学所招收学生涉及的范围广，如广西大学涉及了全部城市职能方向，广西师范大学、广西民族大学、广西财经学院、广西师范学院、桂林电子科技大学、桂林理工大学、广西科技大学除少数城市职能方向未涉及外，几乎涉及了全部城市职能方向。而从地方高校来看，所招收的学生涉及面就相对狭窄，如南宁学院、桂林航天工业学院、右江民族医学院等，涉及的城市职能方向只有为数不多的几个。

5.2.4.2 2014年广西本科层次普通高校毕业生就业的基本情况

根据广西教育厅发布的2014届高校毕业生就业报告显示，2014届广西区高校毕业生数为18.15万人，比2013届毕业生增加了近0.3万人。截至2014年7月31日，广西区高校毕业生就业总人数16.07万人，总体初次就业率为88.55%，基本上和2013年同期持平。其中，本科毕业生初次就业率为86.64%，高于研究生85.79%的毕业初次就业率，低于专科毕业生90.07%的初次就业率。2014年广西本科层次普通高校毕业生就业表现出以下几方面主要特点：

本科层次普通高校毕业生不同学科初次就业情况。从2014年广西高校本科毕业生各学科就业情况来看（见表5－8），各学科平均初次就业率达到86.64%，高于全国平均水平。在所有毕业生人数超过500人的各广西高校本科学科中，就业率排在前三位的分别是医学、管理学和教育学，均超过了87%；就业率后三位的分别是理学、经济学和法学，均在85%以下。

表5－8　2014年广西高校本科毕业生不同学科就业情况一览表

学科	毕业生数（人）	初次就业率（%）
哲学	45	91.11
经济学	4128	82.05
法学	2223	79.31
教育学	2792	87.93

续表

学科	毕业生数（人）	初次就业率（%）
文学	17188	84.96
历史学	349	86.25
理学	6098	84.55
工学	17778	87.71
农学	641	86.58
医学	5572	92.23
管理学	13794	88.32
总体平均	70608	86.64

注：以上数据统计时间均截至 2014 年 7 月 31 日。

广西本科层次普通高校毕业生初次就业率最高和最低专业情况。从广西本科层次普通高校毕业生各专业初次就业情况来看（见表 5－9），本科毕业生人数在 100 人以上的，初次就业率前三位的专业是汽车服务工程、车辆工程、资源勘查工程，初次就业率均超过 95%；初次就业率后三位的专业是城市规划、建筑学和应用心理学，初次就业率仅有 70% 左右。

表 5－9　　2014 年广西高校本科层次普通高校毕业生初次就业率最高和最低的专业

单位：人

序号	初次就业率最高的专业（专业取样标准：毕业人数在 100 人以上）		
	专业名称	人数	初次就业率（%）
1	汽车服务工程	129	97.67
2	车辆工程	209	96.17
3	资源勘查工程	144	95.83
4	临床医学	1887	95.5
5	金属材料工程	196	95.41
6	工业工程	170	95.29

续表

序号	初次就业率最低的专业（专业取样标准：毕业人数在100人以上）		
	专业名称	人数	初次就业率（%）
1	城市规划	143	65.03
2	建筑学	540	67.78
3	应用心理学	336	70.24
4	园林	141	70.92
5	法学	1266	72.27
6	文秘教育	159	75.47

注：以上数据统计时间均截至当年的7月31日。

广西本科层次普通高校毕业生就业去向情况。从表5－10反映的情况来看，广西普通高校的研究生毕业生的就业去向主要是高等学校（含民办）、国有企业、私营企业和医疗卫生单位，一共占到了65%，自主创业、出国和部队就业方向的最少，均没有超过1%。

表5－10　2014年广西普通高校研究生毕业生按就业去向就业情况一览表

单位：人

就业去向	研究生	
	就业人数	分项比率（%）
自主创业	30	0.45
出国	32	0.48
部队	49	0.73
非公教学单位	69	1.03
科研设计单位	140	2.1
“三资”企业	202	3.03
党政机关	208	3.12
金融单位	212	3.18
升学	225	3.37

续表

就业去向	研究生	
	就业人数	分项比率（%）
中等、初等教育单位	343	5.14
其他事业单位	397	5.95
其他	424	6.35
高等学校（含民办）	845	12.66
国有企业	851	12.75
私营企业	1275	19.1
医疗卫生单位	1372	20.56
小计	6674	100

注：以上数据统计时间均截至每年的 7 月 31 日。

从表 5－11 反映的情况来看，广西普通高校本科层次毕业生的就业去向主要是私营企业，几乎占到了全部本科毕业生的一半，而在科研设计单位、部队和高等学校（含民办）的就业比例最低，均没有超过 1%。

表 5－11　　2014 年广西本科层次高校毕业生按就业去向就业情况一览表

单位：人

就业去向	研究生	
	就业人数	分项比率（%）
科研设计单位	140	0.23
部队	219	0.36
高等学校（含民办）	297	0.49
出国	643	1.05
自主创业	732	1.2
党政机关	1076	1.76
金融单位	1209	1.98
非公教学单位	1263	2.06
“三资”企业	1818	2.97

续表

就业去向	研究生	
	就业人数	分项比率（%）
其他事业单位	2680	4.38
中等、初等教育单位	3191	5.22
升学	3333	5.45
医疗卫生单位	4416	7.22
国有企业	4659	7.62
其他	5565	9.1
私营企业	29934	48.93
小计	6674	100

注：以上数据统计时间均截至每年的7月31日。

广西本科层次普通高校毕业生就业区域情况。从表5－12的高校毕业生就业区域分布来看，广西2014届高校毕业生主要以广西地区就业为主，区内就业人数为11.07万人，接近七成的高校毕业生都是在广西区内就业。

表5－12　2014年广西高校毕业生全国主要区域就业情况一览表

单位：人

项目名称	序号	区域名称	就业人数	总体占有率（%）
全国主要区域就业	1	珠三角	21960	13.67
	2	长三角	5038	3.14
	3	京津唐	1735	1.08
	4	广西壮族自治区	110693	68.89
	5	其他	21249	13.22
	合计		160675	100

从表5－13和图5－2来看，在广西区内，毕业生主要流向前三位的地市为：南宁、柳州、桂林，接近一半的广西高校毕业生在南宁市就业。

表5-13 2014年广西高校毕业生广西区内就业区域情况一览表 单位：人

广西地域名称	综合	
	分项就业人数	分项百分比（%）
南宁市	51523	46.55
柳州市	12309	11.13
桂林市	10523	9.51
梧州市	3887	3.51
北海市	3734	3.37
防城港市	1843	1.66
钦州市	4200	3.79
贵港市	3569	3.22
玉林市	4758	4.30
百色市	4506	4.07
贺州市	2188	1.98
河池市	3408	3.08
来宾市	1908	1.72
崇左市	2337	2.11
合计	110693	100

注：以上数据统计时间均截至每年的7月31日。

图5-2 2014年广西高校毕业生广西区内就业区域分布图

5.3 广西普通高等学校内涵式发展状况评价

高等教育涉及的范围广，对于经济和社会发展有多方面的直接或者间接作用，因此构建一个全面、科学、合理的评价体系来评价高等教育内涵式发展也是有非常大的难度。严蔚刚指出，高等教育内涵式发展要注重人才培养和学科建设的“特色发展”，队伍可持续和工作前瞻性的“可持续发展”以及“以点带面”的协调发展。有部分学者已经展开了这方面的研究，如楼世洲从学校内涵式发展的条件、动力与结果三个领域构建了学校内涵式发展评价准则[130]。

5.3.1 广西普通高等学校评价——以《2015 中国大学评价研究报告》为参考

在中国校友会网发布的《2015 中国大学评价研究报告》中，对于大学的评价的指标体系和权重得到了广泛的认可（见表 5 - 14），主要由人才培养、科学研究和社会影响三个方面构成，与高等教育内涵式发展所涉及的学科建设、人才培养以及高等教育教育教学、科研和社会服务等方面的职能不谋而合。评价数据全部采用第三方权威机构数据以及政府部门、新闻媒体公布和认定的客观数据，因此，本书采用《2015 中国大学评价研究报告》的结果对广西本科层次的高校的内涵式发展进行评价。

根据评价报告（见表 5 - 15），目前广西的普通高等学校不论是在总分还是在人才培养、科学研究和社会影响方面的得分基本上都只是比基础分稍高，19 所中国 700 强的广西普通高等学校的总分的平均分仅为 60. 91 分，仅仅比基础分 60 分高出 0. 91 分，其中科学研究方面的得分最低，仅为 60. 31 分；社会影响得分的平均分最高，为 62.53 分。由此可见，广西普通高等学校在人才培养、科学研究和社会影响方面都有明显的提升空间。

表 5－14　　2015 年中国大学排行榜评价指标及权重

一级指标	二级指标	三级指标	指标权重（%）
人才培养	教学质量	教学水平	10.40
		杰出校友	16.00
	师资队伍	杰出师资	12.00
	培养基地	学科建设	9.60
科学研究	科研成果	高端科研成果	16.00
	科研基地	创新基地	9.60
	科研项目	基础科研项目	9.60
社会影响	办学定位	办学层次	2.00
	社会声誉	校友捐赠	5.00
		生源竞争力	2.20
		媒体影响力	3.20
	国际影响	国际影响力	4.40

数据来源：艾瑞深中国校友会网.2015 中国大学评价研究报告［DB/OL］http://www.cuaa.net/cur/2015/index_700.shtml.

表 5－15　　广西普通高等学校评价

地区排名	学校名称	所在城市	总分	人才培养	科学研究	社会影响
1	广西大学	南宁市	63.67	63.92	61.86	66.04
2	广西师范大学	桂林市	62.33	61.91	61.39	64.89
3	桂林理工大学	桂林市	61.44	61.38	60.66	62.85
4	广西医科大学	南宁市	61.38	60.87	60.50	64.08
5	桂林电子科技大学	桂林市	61.36	61.52	60.00	63.22
6	广西民族大学	南宁市	61.30	60.80	60.37	64.02
7	广西中医药大学	南宁市	60.75	60.35	60.34	62.39
8	桂林医学院	桂林市	60.73	60.27	60.14	62.80
9	广西财经学院	南宁市	60.72	60.35	60.15	62.56

续表

地区排名	学校名称	所在城市	总分	人才培养	科学研究	社会影响
10	广西师范学院	南宁市	60.61	60.42	60.22	61.70
11	广西科技大学	柳州市	60.55	60.30	60.14	61.85
12	玉林师范学院	玉林市	60.52	60.06	60.07	62.37
13	右江民族医学院	百色市	60.48	60.15	60.17	61.79
14	百色学院	百色市	60.39	60.15	60.02	61.57
15	钦州学院	钦州市	60.37	60.19	60.05	61.37
16	桂林航天工业学院	桂林市	60.34	60.11	60.01	61.45
17	梧州学院	梧州市	60.32	60.06	60.04	61.42
18	河池学院	河池市	60.30	60.07	60.00	61.38
19	贺州学院	贺州市	60.29	60.04	60.02	61.33
19	广西民族师范学院	崇左市	60.29	60.00	60.01	61.46
平均得分			60.91	60.65	60.31	62.53

数据来源：艾瑞深中国校友会网.2015 中国大学评价研究报告［DB/OL］http://www.cuaa.net/cur/2015/index_700.shtml.

5.3.2 广西普通高等学校内涵式发展状况评价

当前，我国的教育已进入了以提高质量为主的内涵式发展阶段，但是就广西区的情况来说，扩大总量与提高质量的双重任务都非常艰巨[131]。广西的高等教育整体处于大众化发展的阶段，但是近几年来广西区越来越重视高等学校的内涵式发展，但是目前广西高等教育内涵式发展主要表现以下几个方面问题：

高等教育规模偏小，教育资源总量不足。教育经费是保障校舍建筑、教学设备置办、人员等的关键条件，对于高等教育内涵式发展具有重要意义，目前广西的教育经费投入虽然保持了上升势头，但是与全国平均水平仍然存在一定差距。师资队伍建设是提高教学质量，加快高校内涵式发展的关键[132]，广西目前的师资力量也无法满足高等教育内涵式发展的需要：第一，学生规模快速扩大，师资总量难以与其增长需求相匹配；第二，师资队伍整体质量不高，老师学历起点较低，高学历、高素质、高层次人才相对匮乏，同时又缺乏相应的提高路径，难以适应日益发展的本科教学需求；第三，教师专业结构不合理，主要以传统的理工农医为主，文科教师相对匮乏，新兴专业和紧缺专业的教师也存在明显的缺口；第四，科学研究成果不突出，缺乏学术骨干和学科带头人，科研能力有限，影响人才培养质量。

目前广西高校类型结构不合理，单科院校较多。除了广西大学、广西师范大学和广西民族大学三所院校设有9个及以上的学科门类外，其他院校基本上都是以医学、工科或者是艺术专业为主，在专业的设置上也相对比较集中，学科专业结构明显失衡。在这些单科院校中，有的学校人文学科强，理、工科强；有学校的理、工科强，人文学科专业却相对比较薄弱。从总体上来看，广西高校学科专业结构布局不合理、各学科发展不平衡，人文学科强理工弱、重视基础研究忽略应用，缺少与区域经济发展相匹配的应用型学科专业，一方面无法为区域政治、经济、社会和文化发展提供人才、智力和文化支持，另一方面也制约和影响了广西高等教育质量的提升以及高等教育的内涵式发展[133]。

人才培养与区域经济社会发展的供需矛盾。目前，广西高等教育专业结构存在着专业重复设置与稀缺并存，专业口径过窄、新兴交叉学科专业薄弱等问题，不适应区域产业结构调整对高等教育的要求。主要体现在：一级学科博士授权点过于单一，硕士学位授权点主要集中在一些传统学科上，本科专业新兴学科、交叉学科以及应用型专业偏少，且专业重复设置造成专业布点过于密集等。这些现象导致人才培养与社会需求的结构性失调矛盾突出。尤其是与外向型经济发展相适应的国际贸易、金融、证券、房地产、经济管理、法学、会展、商贸物流、旅游、电子商务、保险营销等培养既熟悉国际规则和国际惯例、既熟悉东盟各国经济社会状况，又具有跨文化沟通和对外交流能力的外向型、高层次复合型人才的学科专业更是紧缺。人才培养类型和层次结构还不能很好地满足社会多样化需求，技能型、应用型、复合型和拔尖创新人才培养不足。国家战略性新兴产业发展和改善民生急需的相关专业少，促进学科交叉融合利于培养应用型、复合型人才的相关专业少。前沿学科有限，新兴学科、交叉学科、应用学科发展缓慢。目前，广西的新兴学科、高新技术学科、文理交叉学科专业生长缓慢，甚至空白，不利于文理渗透培养复合型、应用型人才。

第6章

地方高等教育内涵式发展与城市体系职能结构良性互动

6.1 地方高等教育内涵式发展作用城市体系职能结构的作用机理

地方高等教育内涵式发展对城市体系的作用主要是通过两种途径来实现：其一，通过高等教育内涵式发展实现对于学科建设的调整和完善，提高科研能力和水平拉动区域的科学研究、社会服务和文化传承等能力，从而影响城市体系的职能结构；其二，通过调整人才培养结构，提高人才培养质量，为经济社会发展提供更多的专业人才，来影响城市体系的职能结构。

首先，学科建设作为高等教育内涵式发展的基础，其涵盖的面十分广，几乎覆盖了城市体系职能结构的各个方面，利用大学对学科的建设影响城市体系职能结构的方向是明确且可行的。一个城市的职能结构按照中国当前的统计资料进行规整合并之后，可以分为农、林、牧、渔业，采矿业，制造业，电力、燃气及水的生产和供应业，建筑业，批发和零售业，交通仓储邮政，住宿和餐饮业，信息传输、计算机服务和软件业，金融业，房地产业，租赁和商务服务业，科学研究、技术服务和地质勘查业，水利、环境和公共设施管理业，居民服务和其他服务业，教育，卫生、社会保障和社会福利业，文化、体育和娱乐业，公共管理和社会组织等 19 个反映城市体系职能结构的领域。这 19 个领域在高等教育内涵式发展所涉及的学科中均有涉及。通过对城市体系所在区域的各高校内涵式发展的现状以及对城市体系职能结构进行调查分析，并对城市体系职能结构进行中长期研究、分析和预测，地方高校可以通过高等教育内涵式发展中对学科建设的调整来对城市体系职能结构进行影响。因此，高等教育内涵式发展对城市体系职能结构产生作用的一条主线是通过学科建设影响城市职能，再通过城市体系职能结构影响城市在等级规模和地域空间。

其次，高等教育内涵式发展作用城市体系职能结构的另一条主线便是大学的人才培养。过去高校进行人才培养往往过于注重规模，对于人才质量和人才层次的关注相对较弱，通过高等教育内涵式发展的对人才培养的目标，人才质量和人才的综合素质成为的高校人才培养的重点，高等教育内涵式发展中的人才培养在面对城市体系职能结构的调整和完善时，正通过对人才质量、综合素质和整个人才培养结构对城市体系职能结构进行作用。地方高校通过提高人才质量，有效提高城市职能水平，使之朝着健康良性的方向发展。提高人才的综合素质，为各城市职能部门间的优势互补奠定了良好的基础。改良整个人才培养结构，是地方高等教育内涵式发展作用于城市体系职能结构的重点，它不仅使人才培养能够达到高质量和高层次，同时，可以使人才培养与城市体系各职能部门相匹配，可以有效进行人才资源的优化配置，避免出现错配和资源浪费现象。

综上，地方高等教育内涵式发展作用于城市体系职能结构的作用机理反映在高等教育内涵式发展对城市体系职能结构的作用机理图中（如图 6－1）。

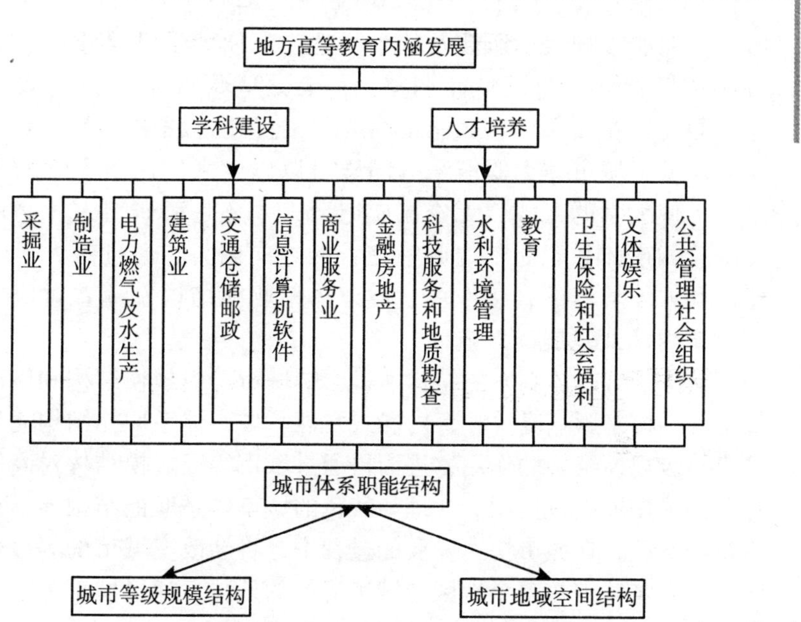

图 6-1　地方高等教育内涵式发展对城市体系职能结构的作用机理图

6.2 城市体系职能结构作用地方高等教育内涵式发展的作用机理

城市体系职能结构对地方高等教育内涵式发展的作用，是多方面的，但主要是通过直接影响和间接影响城市等级规模结构、城市地域结构的方式来对高等教育内涵式发展进行影响。

首先，城市体系职能结构涉及的范围十分广泛，社会经济科教文卫等方面都有涉及，城市体系职能结构通过对这些领域的调整，能够对与这些领域相对应的大学学科建设和人才培养产生作用，再通过大学的学科建设和人才培养作用于地方高等教育内涵式发展。通过前文提到的 14 个城市职能部门的发展和职能间的协调，能够影响大学所涉及的学科建设，使大学学科建设随着城市体系职能结构的调整而调整，两者之间形成了有机的联动效应。同时，在城市体系职能结构的调整优化过程中，存在大量的人才需求，城市体系职能结构同样可以以此来作用于大学的人才培养，使大学的人才，无论在应用型人才还是科研型人才的培养都随着城市体系职能结构调整完善的方向调整。通过对大学学科建设和人才培养的直接作用，城市体系职能结构发挥着对地方高等教育内涵式发展的影响。

其次，城市体系职能结构通过影响城市等级规模结构和城市地域空间结构来影响高等教育内涵式发展。城市体系职能结构通过对城市等级规模结构的作用，进而再通过城市等级规模结构对高等教育内涵式发展进行作用。合理和特色的城市体系职能结构能够加快城市的发展，在城市快速发展的过程中，将会改变城市的等级规模结构，影响城市在整个地区与城市群中的地位。通过城市等级规模结构的变化，可以作用于大学的学科建设和人才培养，使大学的学科建设和人才培养朝着推动城市快速发展，优化城市等级规模结构的方向调整，进而作用于地方高等教育内涵式发展。同时，通过城市体系职能结构的调整和完善，也会作用于城市地域空间结构，城市体系职能结构的调整和完善，往往将对城市的地域空间结构产生作用，使城市地域空间结构不断的从内部，周边及外部进行优化和调整，这也使得城市的产业结构发生着重要变动，而产业结构的调整则会直接作用于学科类别的需求结构和人才的需求结构，进而作用于大学学科建设和大学人才培养，最终间接作用于地方高等教育内涵式发展上。

综上，城市体系职能结构作用于地方高等教育内涵式发展的作用机理反映在城市体系职能结构对地方高等教育内涵式发展的作用机理图中（如图6－2）。

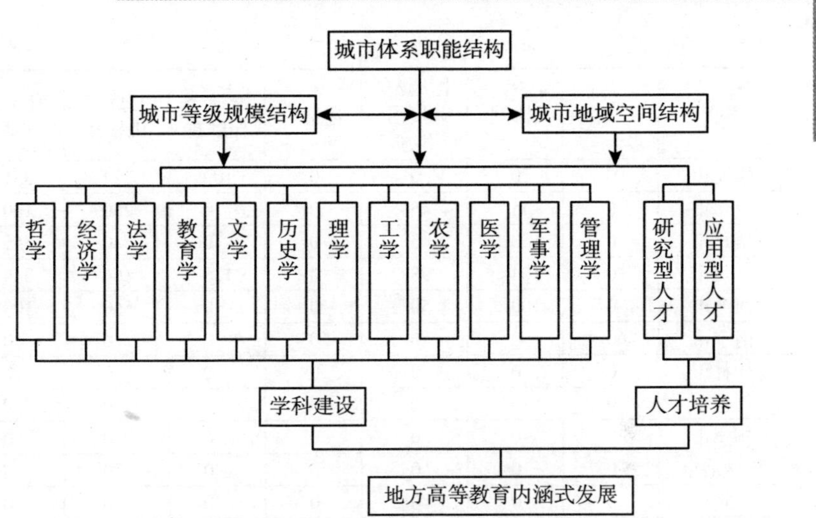

图6－2　城市体系职能结构对高等教育内涵式发展的作用机理图

6.3

广西区高等教育内涵式发展与城市体系职能结构良性互动

根据广西各高校2013年的招生计划，分类到每个城市的城市体系职能部门中，得到广西区内高校招生计划与城市体系职能结构对应表（见表6－1）。

表6－1　广西区内高校招生计划与城市体系职能结构对应表　单位：人

学校	采矿业	制造业	电力燃气及水生产供应	建筑业	交通仓储邮政	信息计算机软件	商业服务业
南宁市	150	225	520	515	340	1595	4115
桂林市	80	1177	540	702	673	3188	2238
百色市	0	0	50	230	0	340	240
柳州市	0	430	120	250	690	720	540
玉林市	0	0	0	0	0	565	230

续表

学校	采矿业	制造业	电力燃气及水生产供应	建筑业	交通仓储邮政	信息计算机软件	商业服务业
崇左市	0	0	0	0	100	224	351
贺州市	0	45	45	50	0	250	100
梧州市	0	150	45	0	0	580	555
钦州市	0	104	98	0	138	166	344
河池市	0	100	50	0	0	560	100
南宁市	0	0	0	0	0	0	0
桂林市	0	0	0	0	0	0	0
百色市	0	0	0	0	0	0	0
柳州市	0	0	0	0	0	0	0
防城港市	0	0	0	0	0	0	0
来宾市	0	0	0	0	0	0	0
贵港市	0	0	0	0	0	0	0
北海市	0	0	0	0	0	0	0

城市	金融房地产	科技服务和地质勘查	水利环境管理	教育	卫生保险和社会福利	文体娱乐	公共管理社会组织
南宁市	560	540	716	3550	3600	3896	1806
桂林市	122	1479	776	2162	1860	904	674
百色市	0	330	50	1000	1520	160	80
柳州市	80	430	90	30	40	210	200
玉林市	0	330	137	1865	200	273	150
崇左市	67	68	94	1338	90	69	167
贺州市	0	160	0	830	0	380	90
梧州市	45	85	35	395	135	230	95
钦州市	0	399	40	583	0	234	64
河池市	0	300	0	1030	60	190	230
防城港市	0	0	0	0	0	0	0
来宾市	0	0	0	0	0	0	0
贵港市	0	0	0	0	0	0	0
北海市	0	0	0	0	0	0	0

依据表6－1，结合城市体系职能结构，绘制广西各城市高校发展与城市体系职能结构互动关系如图6－3所示。

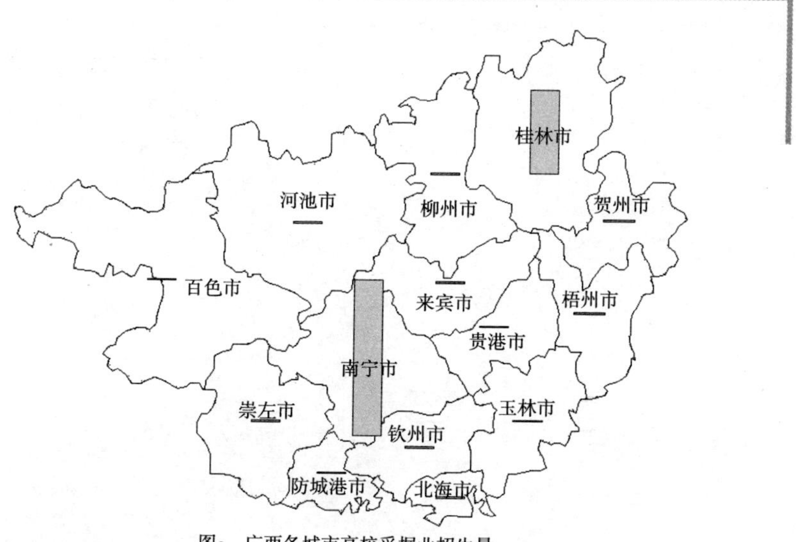

图a　广西各城市高校采掘业招生量

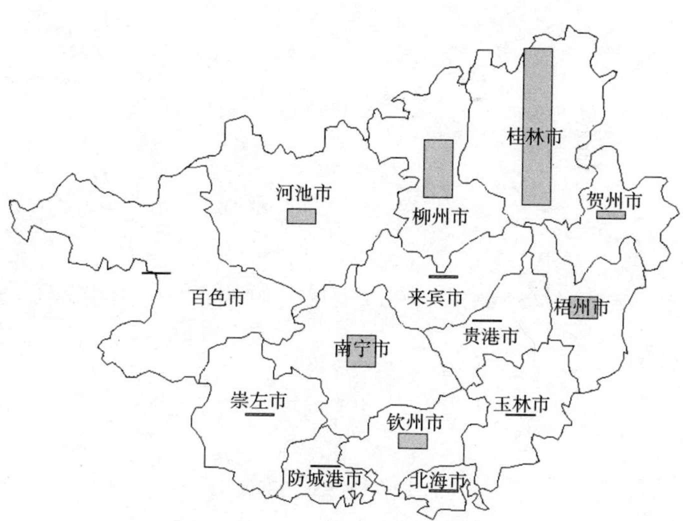

图b　广西各城市高校制造业招生量

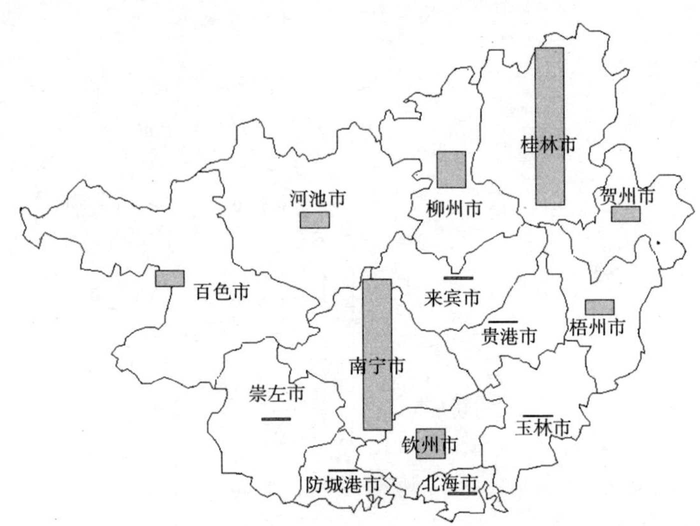

图c　广西各城市高校电力燃气及水生产招生量

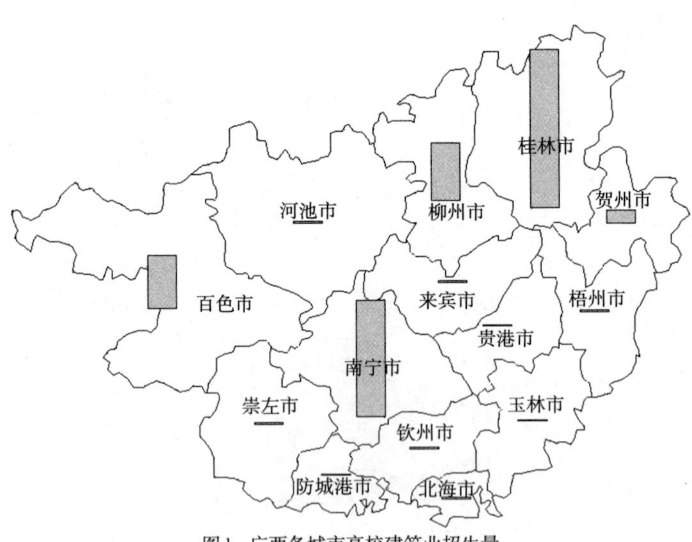

图d　广西各城市高校建筑业招生量

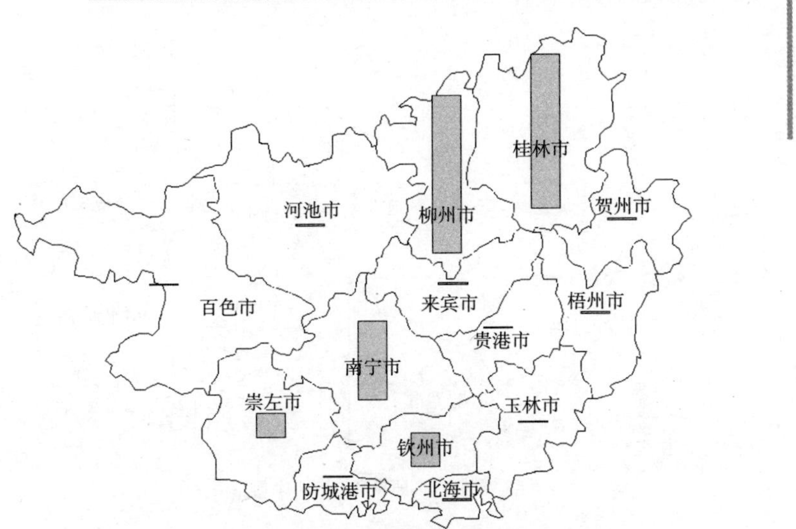

图e　广西各城市高校交通仓储邮政招生量

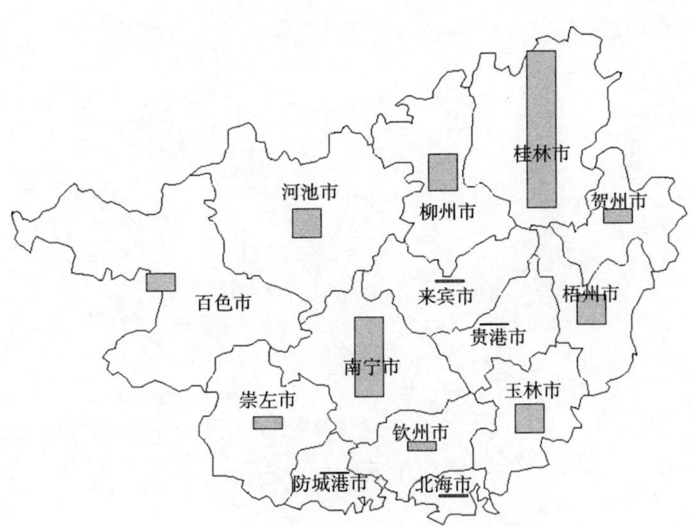

图f　广西各城市高校信息计算机软件招生量

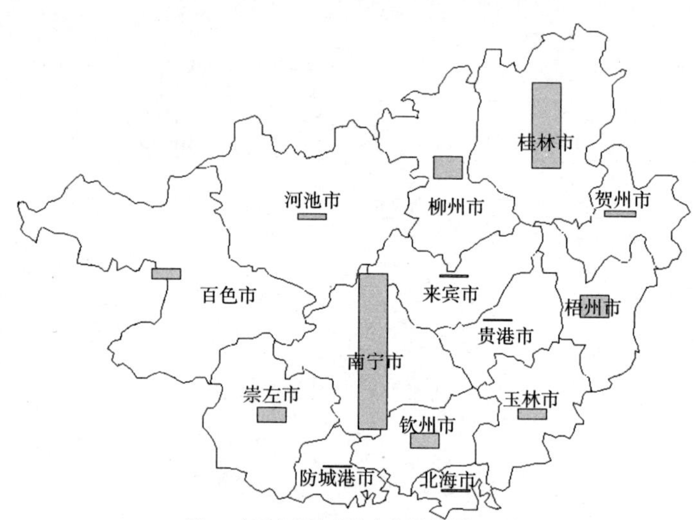

图g　广西各城市高校商业服务业招生量

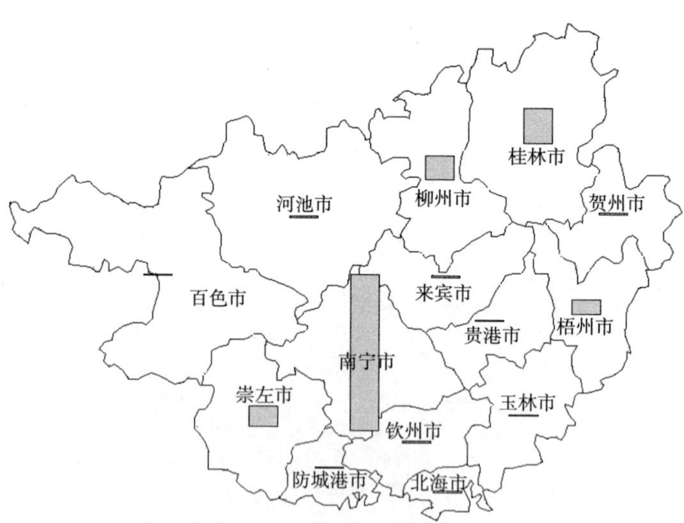

图h　广西各城市高校金融房地产招生量

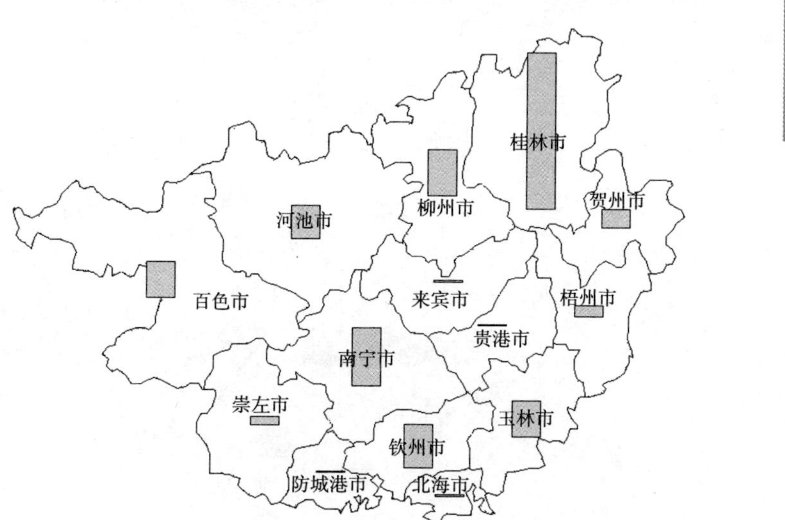

图i　广西各城市高校科技服务和地质勘查招生量

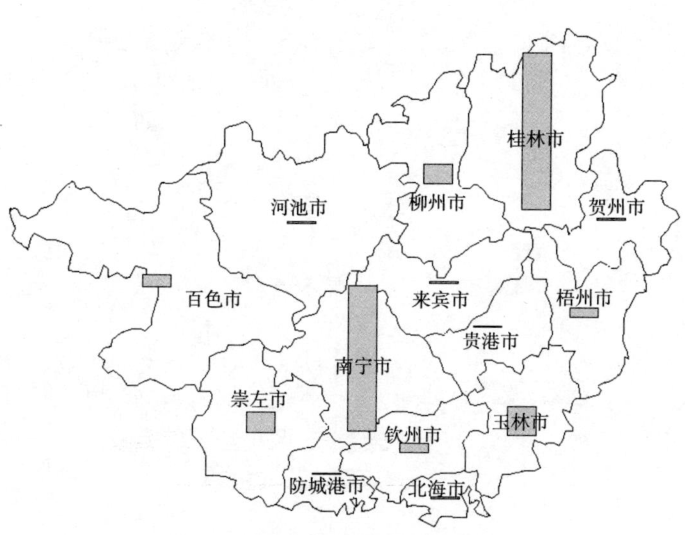

图j　广西各城市高校水利环境管理招生量

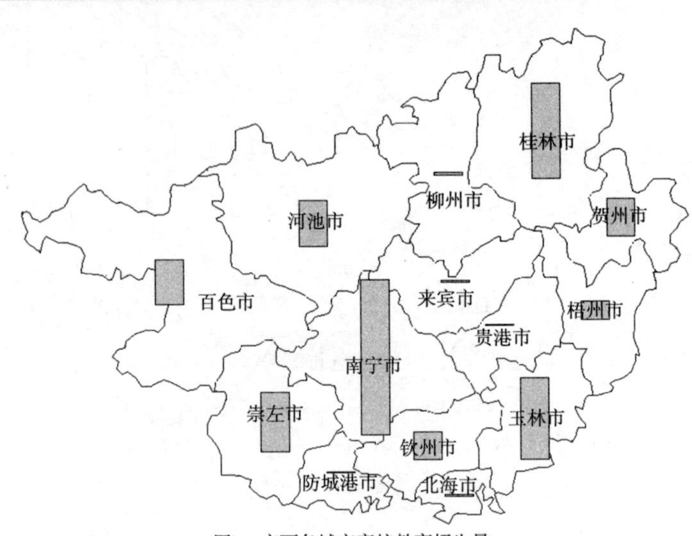

图k　广西各城市高校教育招生量

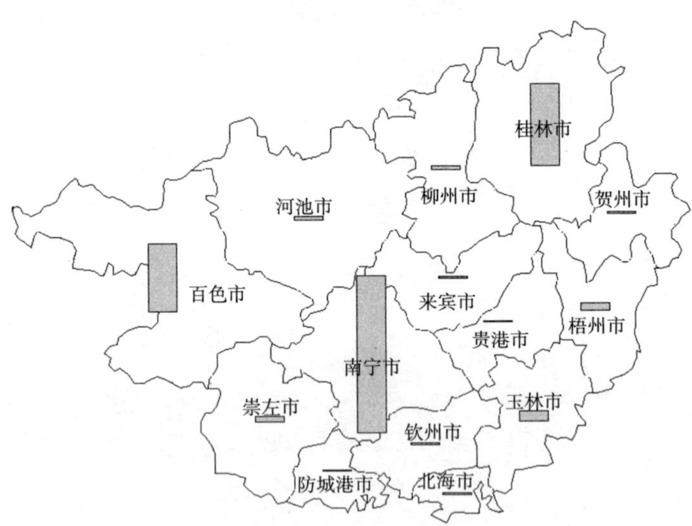

图l　广西各城市高校卫生保险和社会福利招生量

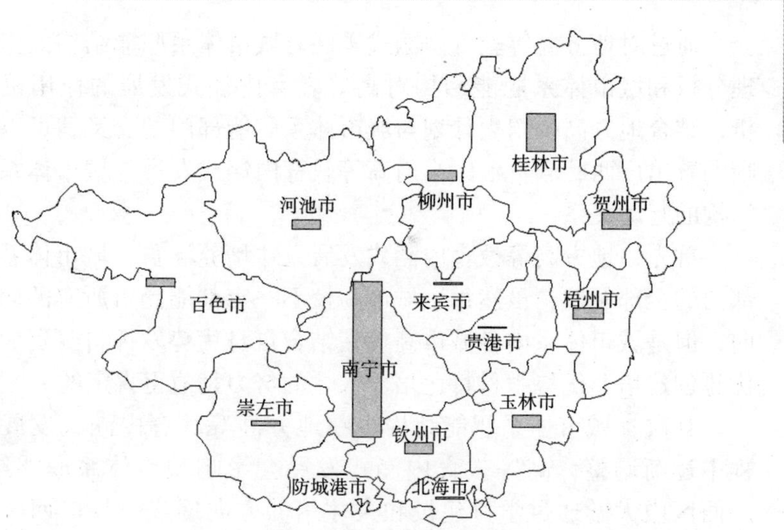

图m　广西各城市高校文体娱乐招生量

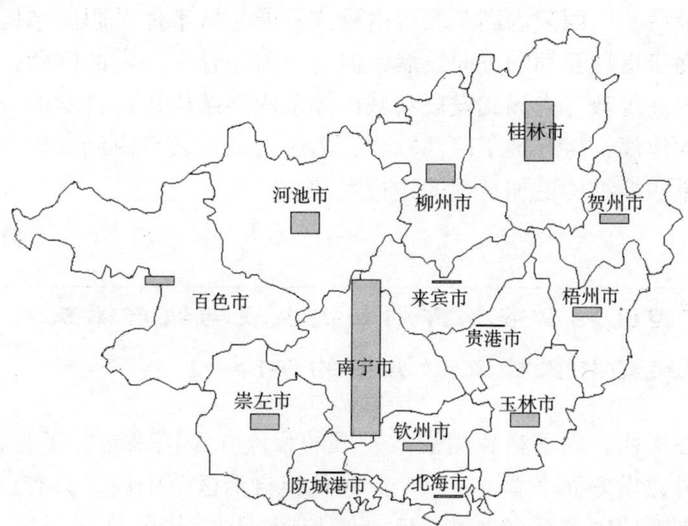

图n　广西各城市高校公共管理社会组织招生量

图 6－3　广西各城市高校发展与城市体系职能结构互动关系

通过对地方高等教育内涵式发展对城市体系职能结构的作用机理分析和城市体系职能结构对高等教育内涵式发展的作用机理分析，结合地方高校招生计划与城市体系职能部门的交叉，可以很清晰的看出广西壮族自治区当前高等教育内涵式发展与城市体系职能结构的互动关系。

首先，地方高等教育内涵式发展人才培养涵盖了城市体系职能部门的全部领域，虽然每个城市高校不一定都能涵盖所有的职能方向，但是城市体系内各城市高校在结合自身优势发挥自身资源环境优势创建培养优势学科特色培养人才的努力是值得肯定的。

其次，城市体系职能结构也在地方高等教育内涵式发展的过程中逐渐调整，高等教育内涵式发展会影响城市体系职能结构。广西区内大学通过学科建设和人才培养方向逐步引导广西各城市体系职能结构转变，为进一步调整和完善城市体系职能结构指明了道路和发展方向。

最后，广西区内高等教育内涵式发展与城市体系职能结构正在朝着逐步良性互动的方向发展，但是当前还存在一定的问题，通过对区内高等教育内涵式发展和城市体系职能结构进行科学的分析和合理的建议，将有助于广西壮族自治区内高等教育内涵式发展和城市体系职能结构更加良性的进行互动。

6.4 广西区内高等教育内涵式发展与城市体系职能结构良性互动水平的评价

在广西，高等教育内涵式发展的程度在全国来看并不是很强，从学科建设方面来看，在整个广西壮族自治区范围内，只有广西大学拥有两项国家重点学科，11 所高校拥有国家特色专业。难以满足现今广西经济文化社会的快速发展需求。发展一个学科门类齐全，学科水平层次高的学科体系是保证广西区内高等教育内涵式发展的一个重要条件，也是推动区域发展和完善区内城市体系职能结构的有效动力，同时，人才培养也是高等教育内涵式发展的重要组成部分，就目前的情况来看，在广西区内的人才培养都还主要以培养应用型人才为主，在研究型人才的培养上，近年来区内排名靠前的几所高校，如广西大学、广西师范大学、广西医科大学等在研究型人才的培养上加大了投入，在研究型人才的规模上有了一定的提高，但是和先进省份比较，广西还是有很大的差距。

合理调整人才培养目标，优化人才培养结构，是保证高等教育内涵式发展的有效措施，同时不同层次的人才也可以适应城市体系职能结构，不同层次的人才能够融入城市体系的不同职能部门，通过对人才结构的调整，在一定程度上可以保证对城市体系职能结构的调整。从长远来看，广西区内大学可以通过对高等教育内涵式发展中的学科建设和人才培养，双管齐下，有力的促进广西城市体系职能结构的调整和完善，进而影响到广西区内的城市体系等级规模结构和城市地域空间结构，最终促进区域发展，促使广西在经济文化社会领域快速提升。

与此同时，广西城市体系职能结构也反作用于广西区内的高等教育内涵式发展。广西城市体系职能结构的调整和完善，促使区内大学的学科建设和人才培养朝着有利于城市体系职能结构的方向发展，不同时期的城市体系职能结构调整对高校的学科建设和人才培养形成了倒逼的态势。就目前而言，广西城市体系职能结构还不够完善，需要进一步的调整和改善，在这种调整和改善的过程中，会对区内学科建设和人才培养产生较强的影响，能够对区内的学科建设的合理发展起到带动作用，同时，也能够为区内人才培养指明方向，防止高校在人才培养上过于盲目。当前存在通过调节广西城市体系职能结构促进高等教育内涵式发展的条件和动因。

广西区内高等教育内涵式发展与城市体系职能结构存在很大的联动效应，因此，调整和完善其中的一项都会有力的带动另一方的发展和进步，推动地方高等教育内涵式发展中的学科建设和人才培养，促使城市体系职能结构的完善；城市体系职能结构的调整和完善倒逼高等教育内涵式发展中的学科建设和人才培养发展进步，形成了一个良性的互动机制，能够有效联动，共同提升。

第7章

加强高等教育内涵式发展与城市体系职能结构良性互动对策

实现地方高等教育内涵式发展与城市体系职能结构的良性互动，必须根据广西壮族自治区的现状，从广西壮族自治区内的高等教育内涵式发展和城市体系职能结构两方面加以优化和调整。通过分别对区内地方高等教育内涵式发展的实现和城市体系职能结构的更好调整完善，来更好的实现区内地方高等教育内涵式发展与城市体系职能结构之间良性互动的效果。解决区内高等教育内涵式发展存在的问题和城市体系职能结构所存在的问题，都需要多方面携手来一起面对、商议，同时能够很好的调配资源与提高效率，最终通过解决这些问题，为广西壮族自治区实现高等教育内涵式发展与城市体系职能结构能够更好的良性互动和彼此促进发展创造更好的条件。通过本书之前部分对地方高等教育内涵式发展和城市体系职能结构的规范分析和实证分析，现在从地方高等教育内涵式发展和城市体系职能机构两个方面提出加强广西高等教育内涵式发展与城市体系职能结构良性互动的对策建议。

7.1 地方高等教育内涵式发展需要以优良的外部环境为前提

从地方高等教育内涵式发展的角度来看，地方高等教育内涵式发展的开展，是一场大学发展的新思路，将会在未来的大学发展中产生一次革命性的影响。地方高等教育内涵式发展是从更加关注大学内部发展内涵，从学科建设、人才培养等多方面作为出发点来进行的。在这样一场大学“内科手术”式的精细变革过程中，优良的外部环境显得尤其的必要和重要。从外部环境来看，又可以分为社会环境、政策环境和区域发展环境等方面，通过对社会、政策和区域发展等方面的考察，能够对地方高等教育内涵式发展的外部环境的改善提出更多更适合的建议，这也是保证地方高等教育内涵式发展在广西壮族自治区内能够良好发展的前提。

首先，应保证对地方高等教育内涵式发展有利的社会环境。在大学发展过程中，社会环境尤其是社会舆论环境对地方高等教育内涵式发展的实现起着很重要的作用。学生家长、新闻媒介、教育中介机构、各高等中学等社会各界都对高校的发展，尤其是地方高等教育内涵式发展十分关注。在这个过程中，应当规范媒体、高校排行榜编制委员会等单位，让它们所传递出来的信息和意见更加贴近高校地方高等教育内涵式发展的真实状况，不偏袒庇护和有意贬低任何一所高校，正确引导社会舆论对于广西壮族自治区内各高校的评价。同时，社会舆论的导向往往会影响一所高校的地方高等教育内涵式发展模式和路径。从全国范围内来看，高水平的大学都在朝研究型大学的趋势发展，研究型大学在中国具有一定的影响力和良好的声誉地位。但是，并不是所有的高校在现今的状态下都具备发展成为研究型大学的能力，很多高校还只具备培养应用型人才的阶段，也有很多高校还处在教学型大学的阶段。如果社会环境给地方高等教育内涵式发展产生巨大压力或错误的引导，将会使高校定位出现偏差，不利于区内地方高等教育内涵式发展。因此，一个好的社会环境对于地方高等教育内涵式发展是十分必要的，政府和舆论都应该发挥力量进行维护和正确的引导。

其次，政策环境对地方高等教育内涵式发展有很深的影响。对于中国大学的发展而言，政策环境的影响是不容忽视的。根据中国

《国家中长期教育改革和发展规划纲要（2010~2020 年）》，中国高校必须树立以提高质量为核心的教育发展观，注重教育内涵形式，把提高质量作为教育改革发展的核心任务。中国国家目前对于高校地方高等教育内涵式发展的整体政策环境是相对良好的，但是在地方相配套的政策则是有很大差别的。在地方关于高校地方高等教育内涵式发展的政策方面，广西壮族自治区应该增大政策覆盖面。广西区内高校总体质量不如区外高校，同时，区内高校间的办学基础和特征也不尽相同。政策的制定和合理的贯彻实施就显得尤为重要了。良好的地区配套政策有利于促进广西区内各层次高校在科学正确评估本校条件的前提下，设计符合其自身地方高等教育内涵式发展的途径，使得在广西区内能够让所有高校拥有一个对进行地方高等教育内涵式发展非常有利的政策环境。通过各级教育部门的积极努力和配合，在国家政策的指引下，广西区内高校的地方高等教育内涵式发展政策环境将进一步改善，好的国家和地方政策环境，也将促使区内高校进行更深层次的地方高等教育内涵式发展。

最后，区域发展环境是影响地方高等教育内涵式发展的重要因素。大学的发展，离不开所在区域的发展，大学所在区域的社会经济等方面的发展状况与大学的发展是紧密相连的，大学发展与区域的社会经济基础也是密不可分的。从大学发展的一项重要目标来看，大学的发展是为社会经济服务的，而为社会经济服务最直接的体现往往集中在高校所处的区域范围。同时，大学的发展也必须得到区域内地方政府和企业的支持和帮助。以对区域发展的服务和贡献来求得支持。区域发展过程中取得的区域经济实力和地方政府财政条件，都能够直接影响到高校的地方高等教育内涵式发展，并为其提供必要支撑。近年来，广西成为中国在中国—东盟自由贸易区的一个重要门户，区域发展尤其是区域经济发展势头迅猛，这对区内高校的地方高等教育内涵式发展提供了有力的保障，同时，广西与周边省份的合作也促进了高校间的交流，对广西区内高校的地方高等教育内涵式发展也有促进作用。广西壮族自治区政府及各地方政府应该协调好区域发展与地方高等教育内涵式发展之间的对接关系，使得区域发展环境能够对地方高等教育内涵式发展起到保驾护航的作用，充分保证地方高等教育内涵式发展的稳定向前。

7.2 地方高等教育内涵式发展需要以必要的资源条件为基础

大学的发展需要资源，提倡地方高等教育内涵式发展就必须要有必要的资源条件来匹配[134]。每个着力走地方高等教育内涵式发展道路的高校，都离不开一些必要的资源条件，就高校而言，最突出的莫过于物质资源、人才资源和文化资源这三项必要的资源条件了。从物质、人才和文化三种资源方面也反映了地方高等教育内涵式发展所亟须资源的一种内在逻辑，也体现了高校在内涵式发展过程中对资源需求的一种延续。地方高等教育内涵式发展更加注重大学教育中更加本质的部分，即人才的培养、学科的建设和文化的传承。提供物质资源、人才资源和文化资源这些必需的资源条件，是实现广西高等教育内涵式发展的基本条件。

首先，丰富的物质资源条件能够促进地方高等教育内涵式发展。地方高等教育内涵式发展离不开物质资源条件支撑。地方高等教育内涵式发展以学科建设和人才培养为重点，要发展学科建设，必要的硬件设施必须齐备，必要的图书文献资源应该配套。人才培养上，优秀的师资条件和科研经费都需要有丰富的物质资源条件来保障，否则地方高等教育内涵式发展将成为“无米之炊”。同时，高校招生规模的扩大也使得高校需要一定的土地资源和建设资源，这些也将会对地方高等教育内涵式发展产生制约作用。从广西壮族自治区来看，高校教育经费投入在连年增长，但与国内其他省份相比较，广西还是存在着较大的差距。因此，自治区政府及各地市政府应该在加快经济发展，提升广西经济发展实力方面采取更多的措施，同时，对高校教育经费的结构应该进行更加科学合理的安排，对教育经费错配乱配现象进行严肃处理。同时，应该鼓励有能力的企业和个人对大学发展提供支持，设立相应的奖助学金制和相应的基金会。通过多渠道的丰富流入高校的物质资源条件，为地方高等教育内涵式发展提供最必要的支持，避免因缺乏资金而导致的地方高等教育内涵式发展受阻的现象出现。

其次，优质的人才资源条件能够激发地方高等教育内涵式发展。大学的发展，归根结底落实到人才上。优秀的师资科研力量和优质的生源都是大学发展的原动力。从师资科研力量上来看，引进优秀的教学科研人才对高校在人才培养和学科建设方面都有着积极的促进作用，提高人才培养层级和完善人才培养结构都是地方高等教育内涵式发展的重要组成部分。同时，学科建设水平的提升将对大学层次的提升，进而对地方高等教育内涵式发展的实现起到决定性作用。从这两个方面来看，优秀的师资科研力量是必要的。在生源方面，学生资源也是高校进行地方高等教育内涵式发展一个必要条件，优质的学生资源将加快地方高等教育内涵式发展的进程，提高大学毕业生的竞争力和适应性。因此，广西各级政府应该加大人才引进力度，更多的推出人才引进工程，将现有的人才引进制度与现有的人才培养制度相结合，既要有“外援”力量，又要有本土成长起来的力量。同时对区内中学教学质量进行监督和管理，以提高区内高校的生源质量。这些措施在高校获得优质的人才资源方面都将取得良好的效果，为广西壮族自治区内高校的地方高等教育内涵式发展产生正面积极的影响。

最后，良好的文化资源条件能够延续地方高等教育内涵式发展。地方高等教育内涵式发展讲究的是传承与延续，并不是不可持续的激进发展，因此在地方高等教育内涵式发展的过程中，就需要有良好的文化资源条件做必要的支撑和维护。高校要实现地方高等教育内涵式发展，首先要具备一定的大学文化和大学的学术积淀。高校的学风校风以及文化氛围，都是地方高等教育内涵式发展最原始的动力。作为高校而言，充分的整理挖掘、积累沉淀大学的文化，培养师生摒弃封闭保守的思想观念，多接触先进文化，促进国内国际学术交流，开阔师生的学术专业视角，让高校在传承和创新自身文化的同时，与社会经济文化相对接，做到进得来出得去的内涵式发展模式。广西具有久远历史和文化积淀，广西区内高校在整理挖掘和传承积淀这些历史文化的同时，也应该推陈出新，对古今中外的文化采取兼容并包的态度。通过对区内高校进行大学文化的交流和发展以及与国内外大学文化、社会经济文化的交流融合，进而推进区内高校进行更全面的地方高等教育内涵式发展，使得区内高校师生都真正成为地方高等教育内涵式发展的支持者和推动者。

7.3 地方高等教育内涵式发展需要以健全的动力机制作为保障

地方高等教育内涵式发展是一个长期的过程，要保障大学能够在长时间里进行内涵式发展，就必须确保有一套健全的动力机制。动力机制的形成既应该有正面的动力，也应该有一定的压力。从地方高等教育内涵式发展的过程中来看，必须具有原动力、能动力和一定的压力才能够让地方高等教育内涵式发展进入正确和可持续发展的轨道上来，没有良好健全的动力机制将可能导致地方高等教育内涵式发展进程缓慢、误入歧途，甚至出现发展停滞倒退的局面。因此，地方高等教育内涵式发展必须依靠一套健全的动力机制来指导和推进发展，要对广西区内高校建立起一套健全的动力机制来促进地方高等教育内涵式发展。

首先，保证地方高等教育内涵式发展具有原动力。地方高等教育内涵式发展的动力有很多种，其中促使地方高等教育内涵式发展最根本和最初始的推动力还是来源于其原动力。在社会组织中，大学作为其中一个特殊的组织，在成立和发展的过程中，最先注重的本源是对人才的培养，并不以谋利为目标。因此在地方高等教育内涵式发展的过程中，应该加深对高校办学理念、办学宗旨和办学精神的认识，通过挖掘高校的最基本的特色来释放高校地方高等教育内涵式发展的原动力。在这个过程中，高校应该通过大学文化建设，找到高校的办学理念、宗旨和精神，从而唤起地方高等教育内涵式发展的精神动力，同时，地方高等教育内涵式发展的原动力会产生乘数效应来作用到地方高等教育内涵式发展的其他发展动力中去，通过找回、唤醒和保持高校内涵式发展的原动力，是地方高等教育内涵式发展得以维持的根本保障。在广西，面临社会经济快速发展的时期，高校必须看清自身发展的原动力，不能舍本逐末，过于追求片面发展，忽略大学的立校之本。区内高校应通过进行大学文化建设来提升高校的自我认知和唤醒高校的办学良知，使之成为地方高等教育内涵式发展过程的原动力。

其次，增强地方高等教育内涵式发展的能动力。地方高等教育内涵式发展的能动力越强，地方高等教育内涵式发展的思路就越清晰，地方高等教育内涵式发展的进程也会更迅速；反之地方高等教育内涵式发展的能动力越弱，则地方高等教育内涵式发展的思路就越紊乱，地方高等教育内涵式发展的进程也会更徘徊。从高校本身来说，地方高等教育内涵式发展的能动力可以通过完善大学现代制度，摒弃大学行政化的干扰，使大学有能力进行自主性发展，通过建立多层管理平台，提升学术创新能力，提升学科质量，促进学科间交叉发展等机制办法，充分提升地方高等教育内涵式发展的能动力，使地方高等教育内涵式发展的能动力落实到基层，落实到管理、教学、科研和人才培养上，调动整个高校的积极性，发挥每一个高校师生的能动性，突出和强化高校在地方高等教育内涵式发展中所具备的能动力。从广西区内高校来看，区内高校在地方高等教育内涵式发展的能动力方面还有所欠缺，现代大学制度确立还不够明显，大学行政化的现象还依然存在，在这种形式下，区内高校应该加快改革和完善现代高校制度，彻底摒弃大学行政化，释放师生在教学、科研上的动力，使区内高校能够更清晰、更明确的为地方高等教育内涵式发展提供能动力。

最后，给地方高等教育内涵式发展施加压力。任何目标要实现和完成，光有动力没有压力是不行的。只有动力没有压力的环境会使发展的动力懈怠或枯竭，所以在地方高等教育内涵式发展的过程中，施加适当适量的压力对地方高等教育内涵式发展会起到正面的作用和效果。俗话说，压力越大，动力越大。在控制压力范围的情况下，施加压力越大，往往产生的发展动力就越足。因此，在地方高等教育内涵式发展过程中，引入压力机制是十分必要的。全国高校都在实行地方高等教育内涵式发展，在发展的过程中，设立一定的评比指标，建立一定的竞争机制，对高校施加一定的压力和忧患意识是必须要进行的，在这个过程中，评比指标的选取和竞争机制的建立都需要仔细斟酌，这样在引导地方高等教育内涵式发展向正确的方向发展方面具有积极意义，同时也能够起到给高校的地方高等教育内涵式发展引入压力机制的效果。广西区内高校在这方面还有很大的改进空间。目前各高校的地方高等教育内涵式发展仍处在一个起步阶段，在原动力和能动力方面还在改革和完善，在引入压力机制方面做得就更少，而压力机制的引入并不亚于原动力和能动力所能发挥的作用，因此，广西区内各高校应该重视在地方高等教育内涵式发展过程中引入压力机制，广西教育厅也应该制定一系列评比指标和竞争机制，从而促进区内高校的地方高等教育内涵式发展更好更快的进行。

7.4 地方高等教育内涵式发展需要以明晰的发展阶段和步骤作为关键

地方高等教育内涵式发展不是无限期的，在地方高等教育内涵式发展的过程中，必须制定一个明晰的发展阶段和步骤，通过制定一个明晰的发展阶段步骤，能够有效地调配资源，改革制度，提升质量。在这个明晰的发展阶段步骤的指引下，地方高等教育内涵式发展才能够有条不紊的有序进行。在地方高等教育内涵式发展的过程中，调整结构、创新管理和大学文化建设三个阶段是地方高等教育内涵式发展应该经历的三个阶段。通过对大学内部结构的调整，对大学管理体系的创新和对大学文化的建设阶段和步骤进行明晰，是推进地方高等教育内涵式发展的关键所在。

首先，明晰地方高等教育内涵式发展的调整结构阶段。大学发展中能否对社会和区域经济发展带来正面的效果，关键在于其内部的结构，大学发展过程所应该关注和完善的主要包括了大学的学科和专业结构、大学的人才培养结构、大学的师资队伍结构、大学的科研队伍结构等等。因为对于高校而言，这些结构对于地方高等教育内涵式发展起到了奠基性的作用，高校要想实现地方高等教育内涵式发展，就必须首要调整和完善大学内部的结构关系，使之能符合地方高等教育内涵式发展的需要。广西区内高校在调整结构阶段的制定上需要注意科学性和合理性，不能盲目照搬教育质量高的高校经验。区内高校应该从自身学科优势出发，认清自身学科发展的资源优势、环境优势，选择发展适合本校长远发展的学科建设体系，学科结构的调整牵动整个学校的发展，因此在这个环节上应该尤为谨慎和周到考虑。在学生、教师和科研队伍结构上，从一定角度上来看，应该满足学科结构的调整，使师生科研团队资源的结构与学科结构相匹配，从而达到最优的发展效果。地方高等教育内涵式发展进行的过程中，调整结构是最初的环节，也是对地方高等教育内涵式发展的优劣起到关键作用的一环。

其次，明晰地方高等教育内涵式发展的创新管理阶段。大学内部的管理创新，主要集中在大学的教学、科研、经费、人事等方面，这些方面能够对地方高等教育内涵式发展的质量起到关键性的作用。在教学和科研方面，创新管理具有较大的调整空间。高校可以通过在改革健全相关的规章制度，优化管理体系的运行，提高管理体系的服务效率等方面进行创新，从而达到释放师生职工的积极性，调动师生职工的热情，从而达到提高教学、科研效率的效果。在经费和人事方面，也存在着一定的创新管理空间，通过对经费结构的调整，人事的调配，最大限度地提升经费的利用和人事的优化配置，提高整个管理体系结构。通过创新管理阶段，将调动这个高校师生科研团队的积极性，同时使管理更加科学有效率，对高校的地方高等教育内涵式发展的影响是巨大的，因此明晰地方高等教育内涵式发展的创新管理阶段，对整个地方高等教育内涵式发展是十分必要的。广西区内高校在创新管理这个阶段，不同的高校取得的效果不同。区内高校应该加快加强创新教学、科研、经费、人事等方面的管理，调动校内师生、科研团队、职工的工作热情，为地方高等教育内涵式发展奠定基础。

最后，明晰地方高等教育内涵式发展的文化建设阶段。地方高等教育内涵式发展在经历调整结构和创新管理两个阶段过程中，也应该进入到更高层次的大学文化建设上来。大学文化建设是从地方高等教育内涵式发展开始就去整理、积累的。而这里所说的地方高等教育内涵式发展的文化建设阶段则指的是大学在与调整结构、创新管理相呼应，在对校内硬件体系进行调整、改革、创新的同时，也在软件软实力方面对地方高等教育内涵式发展进行推动。在这个阶段中，高校应该将传承下来的优良校风学风进行延续和发扬，同时也应当在办学的过程中，形成一套自己的文化符号，以优良的质量、良好的声誉面向社会。同时不断加强文化建设也将提升高校整体的实力，为大学吸引优质人才和提高学科建设水平起到积极的影响。同时，在地方高等教育内涵式发展的文化建设阶段，也将有力的促进地方高等教育内涵式发展的调整结构和创新管理，在发展中求变化，顺应趋势和潮流。广西区内高校在文化建设方面进展缓慢，区内高校的地方高等教育内涵式发展还集中在调整结构和创新管理阶段，在大学文化建设方面还未采取太多实质性的措施。因此，广西区内高校应该在当前调整结构和创新管理阶段中，有意识的提出文化建设思路，为区内高校今后进入到地方高等教育内涵式发展的文化建设阶段打下基础。

7.5 地方高等教育内涵式发展需要以提升战略意识为重点

当前地方高等教育内涵式发展，并不是单独的制定出一套地方高等教育内涵式发展的战略，而是将地方高等教育内涵式发展的规划和要求融入到高校现有的短期、中期和长期的发展规划中去，这就使得地方高等教育内涵式发展不是孤立和特定的一套发展模式，而是依托高校整体发展思路的发展要求了。因此，在地方高等教育内涵式发展的规划和要求中，其重点就是要提升战略意识，对地方高等教育内涵式发展具有前瞻性[135]。

首先，构建大学核心竞争力的发展战略。地方高等教育内涵式发展战略首先应该瞄准大学核心竞争力，大学要发展前进，必须拥有自己的核心竞争力。从大学本身来看，无论对短期、中期还是长期的发展规划还是地方高等教育内涵式发展规划，都必须制定和构建大学的核心竞争能力战略，一个没有自身核心竞争力的大学是无法顺应时代发展，也无法最终实现地方高等教育内涵式发展的。要完成大学核心竞争力战略的构建，即达到有人之没有，精人之所不精的实力。这需要大学在发展中避免盲目的求速求全，而应该将发展的精力集中在优势和特色发展上。应当克服在学科建设和人才培养方面追求平均，而应该主打优势特色学科，培养与之相匹配的人才、科研队伍，从而发展出自身的核心竞争力。构建起大学核心竞争力发展战略是广西区内大学都必须面对的情况，在区内大学都争相进行地方高等教育内涵式发展的背景和前提下，具有前瞻性的发展各高校的核心竞争力战略将对各高校未来的地方高等教育内涵式发展道路指明方向，同时也为地方高等教育内涵式发展过程中高校在发展目标、发展道路上拒绝大而全，追求适合本校的优势和特色发展。

其次，构建大学文化软实力的发展战略。与大学核心竞争力战略构建的同时，也不能够忽视对于构建大学文化软实力的发展战略。大学文化软实力所涉及的方面是比较广的，它包含了文化、价值观、影响力、道德准则、文化感召力等方面。从大学文化建设、高校师生价值观建设、大学影响力建设、大学道德标准建设和大学文化感召力建设等多个方面进行构建，完成高校在大学文化软实力发展战略的构建。同时，加强教师队伍和学术道德建设，坚持积极向上的文化氛围，正确处理地方高等教育内涵式发展中的各种各样的关系，保证大学和谐发展也是大学文化软实力战略的重要组成部分，强调大学文化软实力的发展战略，将在地方高等教育内涵式发展过程中减小摩擦力，便于地方高等教育内涵式发展更快更健康的发展。广西区内高校应该在原有大学文化、价值观、影响力、道德标准和文化感召力的基础上，取长补短，制定出适合区内高校的大学文化软实力发展战略，为广西区内高校在未来地方高等教育内涵式发展的过程中能够少受羁绊，更加顺利的完成地方高等教育内涵式发展目标。

大学文化内涵式发展战略的实施不仅需要依靠高校本身，也需要得到政府和社会的积极配合，在三方的共同努力下，形成有利于地方高等教育内涵式发展的氛围[136]。同时，也不能忽视组织管理在地方高等教育内涵式发展中的作用，虽然地方高等教育内涵式发展的原动力和能动力都来自于内部，但适当的管理和组织形式将为地方高等教育内涵式发展的前进提供道路和方向上的指引，能够解决地方高等教育内涵式发展中的相关问题，减少地方高等教育内涵式发展中的阻力。

要做到地方高等教育内涵式发展与城市体系职能结构的良性互动，光有地方高等教育内涵式发展方面的努力是不够的，在城市体系职能结构方面也应当具备一定的调整和完善，通过对城市体系职能结构的调整和完善，挖掘城市体系职能的优势和特色，更好的服务于地方高等教育内涵式发展和城市体系职能结构的互动中来。根据前文所做的实证分析，结合广西壮族自治区当前在城市体系职能结构方面所存在的问题，应该积极的探寻方法来加以解决。

7.6 加强城市间的互补和趋异促进地方高等教育内涵式发展

城市体系职能结构的不完善，表现出过度的趋同和特色不足。要调整和完善城市体系职能结构，就应该从城市体系职能的互补、趋异，突出城市优势特色职能以及拓展城市职能方面着手，政府各部门和企业应该携手改善城市体系职能结构。

首先，强调城市职能的互补性和趋异性。城市职能的互补性和趋异性决定了城市间联系的紧密性，城市间形成不同的城市职能分工，服务不同的地域，再通过城市职能间的互补和趋异将各城市体系职能结构相连接，构成一个联系紧密、分工明确的区域城市经济网络，再通过这个网络带动区域社会经济的全面发展。通过对广西城市体系职能结构的分析，可以看出广西区内各城市的城市职能趋同现象比较严重，同时各城市的城市职能互补性不明显。因此，从广西壮族自治区政府角度来看，加快调节区内各地市的城市体系职能结构，因地制宜，追求区内城市间城市职能的互补和趋异，通过构建城市间城市职能的紧密联系和发展，完善区内城市体系职能结构。

其次，发挥城市优势特色职能。城市间的资源环境条件不同决定了城市间不同的城市体系职能结构，通过发挥当地的资源环境条件，构造符合自身发展的城市体系职能结构，在构造城市体系职能结构时，应当积极提升和挖掘城市的优势职能和特色职能，通过优势和特色职能的发挥，找到城市经济增长的基础和动力，为城市发展奠定基础，也为与其他城市间的互补提供空间和条件。当前，广西区内城市的优势特色职能发挥还不够明显，部分出现优势特色职能的城市还需要进一步的提升，因此，区内各级政府和企业应该着眼城市的资源环境优势，发挥与之相适应的优势特色城市职能，从而为带动城市发展提供动力和牵引。

最后，拓展开发新的城市职能。城市体系职能结构的形成过程中存在一些原始具备的职能，比如政治、经济、文化、卫生等职能，在城市体系的发展过程中，这些原始具备的职能将不断壮大，然而，如果不去拓展和挖掘新的城市职能，而只是盲目对这些最初具备的城市职能进行发展，那么整个城市体系职能结构不仅无法完善，反而可能出现最初职能的退化现象。因此，广西区内城市应积极拓展和开发与社会经济发展相适应的新的城市职能，同时科学合理的发展原有的城市职能，在这个过程中调整和完善整个城市体系职能结构，使之能够更好的为广西社会经济发展做出贡献。

7.7 提升城市经济发展所处阶段带动地方高等教育内涵式发展

广西城市经济发展目前还处在初级阶段，从城市经济指标来看，城市经济主要还是存在资源能耗大、特色经济发展不足和高科技产业占比较小的现象。采取措施改变目前广西城市经济发展状况，提升城市经济发展所处阶段，也是调整和完善城市体系职能结构的重要方法。

首先，降低资源能耗型经济比重。对不可再生的自然资源进行开采挖掘，在开采自然资源的过程中所造成的环境污染和能源消耗问题都是城市经济发展所面临的顽疾。光靠对自然资源的开发和利用，对城市经济发展是存在极大副作用和不可持续的。一个良好的城市经济发展思路是合理的挖掘符合城市发展的经济发展模式，同时将资源能耗与经济可持续发展相协调，做到长远经济稳定增长。从广西区内城市职能来看，资源能耗大的城市职能占了很大的比重，采掘制造电力等城市职能占到了对经济发展很重要的作用。因此，降低城市发展中资源能耗型的比重，发展替代行业来支撑经济发展是广西壮族自治区各级政府的首要职责。

其次，挖掘城市特色经济。城市特色经济的发展需要依靠各城市不同的社会资源文化等环境，在传统城市经济发展的主干中，找出新的城市经济增长模式。通过挖掘城市特色经济，将有利于城市在经济发展过程中，摆脱单一发展思路的舒服，形成多元的发展思维方式，为城市经济快速发展，城市体系职能结构的完善提供的新的思路。广西城市经济发展过程中，也需要挖掘城市特色经济的发展，除了城市支撑经济之外，特色经济的挖掘也将促使广西经济快速、健康、良性增长。

最后，加快首位城市升级，建设职能性大城市。城市体系由不同等级规模，不同性质和不同地域空间结构的城市所组成，而在一个城市体系中，一定会形成一个至两个职能性的大城市。这些职能性的大城市，作为区域城市经济网络的核心和各种资源信息交流的集散地，发挥着极其重要的作用。城市体系的首位城市往往又是城市体系职能性大城市的代表，通过对首位城市的升级，有利于带动整个城市体系经济的发展。升级首位城市和建设职能性大城市是城市经济发展的动力，也是城市体系职能结构发展的目标。南宁市是目前广西壮族自治区的首位城市，其在经济、工业、商贸、服务等方面都有很强的实力，对于带动广西经济发展具有十分重要的作用，同时，对于柳州市，则可以和南宁市一同作为职能性大城市来打造，通过它们各方面的优势来带动和加快广西经济的发展。

通过对广西壮族自治区地方高等教育内涵式发展和城市体系职能结构建设方面的对策和建议，能够从地方高等教育内涵式发展和城市体系职能结构两方面共同取得进步，同时也有利于广西壮族自治区地方高等教育内涵式发展和城市体系职能结构间的良性互动发展。

附录一：广西区高等学校名单
（高校包括普通高等学校和成人高等学校）

广西高校名单

序号	学校名称	层次	备注
1	广西大学	本科院校	公办
2	广西师范大学	本科院校	公办
3	广西医科大学	本科院校	公办
4	广西民族大学	本科院校	公办
5	桂林电子科技大学	本科院校	公办
6	桂林理工大学	本科院校	公办
7	广西中医学院	本科院校	公办
8	广西师范学院	本科院校	公办
9	广西艺术学院	本科院校	公办
10	桂林医学院	本科院校	公办
11	广西工学院	本科院校	公办
12	右江民族医学院	本科院校	公办
13	玉林师范学院	本科院校	公办
14	河池学院	本科院校	公办
15	广西财经学院	本科院校	公办
16	梧州学院	本科院校	公办
17	贺州学院	本科院校	公办
18	百色学院	本科院校	公办
19	钦州学院	本科院校	公办
20	广西民族师范学院	本科院校	公办
21	桂林航天工业高等专科学校	高职高专	公办
22	广西体育高等专科学校	高职高专	公办

续表

序号	学校名称	层次	备注
23	桂林旅游高等专科学校	高职高专	公办
24	柳州师范高等专科学校	高职高专	公办
25	桂林师范高等专科学校	高职高专	公办
26	柳州医学高等专科学校	高职高专	公办
27	广西警官高等专科学校	高职高专	公办
28	广西幼儿师范高等专科学校	高职高专	公办
29	广西职业技术学院	高职高专	公办
30	广西机电职业技术学院	高职高专	公办
31	广西水利电力职业技术学院	高职高专	公办
32	广西交通职业技术学院	高职高专	公办
33	广西建设职业技术学院	高职高专	公办
34	广西农业职业技术学院	高职高专	公办
35	广西生态工程职业技术学院	高职高专	公办
36	广西国际商务职业技术学院	高职高专	公办
37	广西工业职业技术学院	高职高专	公办
38	广西经贸职业技术学院	高职高专	公办
39	广西电力职业技术学院	高职高专	公办
40	广西工商职业技术学院	高职高专	公办
41	广西现代职业技术学院	高职高专	公办
42	广西卫生职业技术学院	高职高专	公办
43	南宁职业技术学院	高职高专	公办
44	柳州职业技术学院	高职高专	公办
45	柳州铁道职业技术学院	高职高专	公办
46	柳州城市职业学院	高职高专	公办
47	百色职业学院	高职高专	公办
48	贵港职业学院	高职高专	公办
49	北海职业学院	高职高专	公办
50	邕江大学	高职高专	民办
51	广西东方外语职业学院	高职高专	民办
52	广西演艺职业学院	高职高专	民办

续表

序号	学校名称	层次	备注
53	北海艺术设计职业学院	高职高专	民办
54	桂林山水职业学院	高职高专	民办
55	广西城市职业学院	高职高专	民办
56	广西英华国际职业学院	高职高专	民办
57	广西工程职业学院	高职高专	民办
58	广西理工职业技术学院	高职高专	民办
59	梧州职业学院	高职高专	民办
60	广西经济职业学院	高职高专	民办
61	广西科技职业学院	高职高专	民办
62	广西壮族自治区广播电视大学	成人高校	公办
63	广西教育学院	成人高校	公办
64	广西壮族自治区经济管理干部学院	成人高校	公办
65	广西政法管理干部学院	成人高校	公办
66	南宁地区教育学院	成人高校	公办
67	桂林市职工大学	成人高校	公办
68	广西大学行建文理学院	独立学院	民办
69	广西师范大学漓江学院	独立学院	民办
70	广西民族大学相思湖学院	独立学院	民办
71	桂林电子科技大学信息科技学院	独立学院	民办
72	桂林理工大学博文管理学院	独立学院	民办
73	广西中医学院赛恩斯新医药学院	独立学院	民办
74	广西师范学院师园学院	独立学院	民办
75	广西工学院鹿山学院	独立学院	民办
76	北京航空航天大学北海学院	独立学院	民办

附录二：《广西壮族自治区新型城镇化规划全文（2014～2020年）》摘录

第四章　促进各类城镇协调发展

坚持大中小城市和小城镇协调发展方针，因地制宜、分类引导，增强中心城市辐射带动功能，加快发展中小城市，有重点地发展小城镇，构建结构合理、布局协调、功能互补的新型城镇体系。

第一节　提升核心城市综合功能

南宁、柳州、桂林、梧州4市，以提升综合服务能力和产业升级、城市转型为重点，科学定位城市功能，优化人口结构，增强要素集聚、科技创新和高端服务能力，发挥规模效应和带动作用，推动中心城区功能向周边地区扩散，建设规模大、功能全、带动强、辐射广的现代化都市圈，打造成为推进新型城镇化发展的核心城市。

充分发挥南宁面向东盟开放合作门户城市的作用，强化服务西南中南地区开放发展新的战略支点核心功能，加快建设区域性现代商贸物流基地、先进制造业基地和金融中心、信息交流中心，建成区域性国际城市、内陆开放型经济战略高地和广西首善之区，到2020年城区人口超过300万人。柳州发挥工业重镇和综合交通枢纽优势，建成区域性先进制造业中心、现代服务业基地和西江经济带核心城市，到2020年城区人口达到210万人。桂林发挥旅游资源优势，建成国际旅游胜地和生态山水历史文化名城，到2020年城区人口超过130万人。梧州发挥毗邻粤港澳优势，建成国家级桂东承接产业转移示范区和西江经济带中心城市，到2020年城区人口超过100万人。

第二节　增强中心城市辐射带动

玉林、北海、贵港、钦州、防城港、百色、河池、贺州、来宾、崇左10市，以壮大经济实力、提升服务功能、集聚吸纳人口、改善人居环境为重点，完善基础设施，壮大产业规模，提高综合承载能力，增强对周边地区的辐射带动，打造成为推进新型城镇化发展的重要区域中心城市。到2020年，玉林市城区人口达到100万人，建成现代中小企业名城；北海市城区人口达到60万人，建成现代产业集聚地和北部湾国际旅游度假区核心城市；贵港市城区人口达到60万人，建成西江流域核心港口城市；钦州市城区人口达到50万人，建成北部湾临海核心工业城市；来宾市城区人口达到50万人，建成现代化新兴工业城市；百色市城区人口达到40万人，建成生态铝产业基地和山水园林城市；贺州市城区人口达到40万人，建成循环经济发展示范城市；防城港市城区人口达到35万人，建成北部湾现代化主要港口城市；河池市城区人口达到35万人，建成生态环保健康产业城市；崇左市城区人口达到30万人，建成面向东盟的区域性新兴城市。

第三节　加快发展中小城市

全区75个县城在推进新型城镇化发展中发挥着重要节点作用。实施大县城战略，加快培育一批经济强县，以主体功能定位为导向，优化空间结构，加强基础设施建设，发展特色产业，强化产业功能、服务功能和居住功能，促进经济发展和人口集聚，改善人居环境，提升城市品位，提高县域城镇化水平。实施中小城市培育工程，将一批基础条件好、发展潜力大的县城培育成为20万～50万人口规模的城市，加快县城向城市转型，建设成为带动区域、和谐宜居的区域性中心城市。其他县城因地制宜、突出特色，建设成为服务城乡、带动县域、特色鲜明的重要节点城市。到2020年，力争平均每个县城建成区人口规模达到10万人。

第四节　有重点地发展小城镇

数量庞大、分散布局的小城镇，在推进新型城镇化发展中发挥着基础性作用。按照完善功能、提高质量、节约用地、突出特色的要求，发挥小城镇连接城市和农村的纽带作用，推动小城镇建设与疏解大中城市中心城区功能相结合、与特色产业发展相结合、与服务“三农”相结合，建设成为发展现代农业、推进城乡一体化、促进农民就近就地城镇化的重要载体。大中城市周边的小城镇，加强与城市发展的统筹规划与功能配套，建设成为卫星城；边境口岸小城镇，发挥沿边优势，扩大边境贸易和对外合作，建设成为具有边境贸易、金融服务、交通枢纽、跨境旅游等功能的特色城镇；特色资源和区位优势突出的小城镇，建设成为旅游休闲、商贸物流、加工制造、交通枢纽等专业特色镇；远离中心城市的小城镇和农林场场部，建设成为服务农村、带动周边的综合性小城镇。实施百镇扶持壮大建设示范工程，选择一批区位好、基础优、潜力大的建制镇，培育成为建成区人口5万人乃至10万人以上的重点镇，向特色小城市转型。到2020年，力争平均每个小城镇建成区人口规模达到1万人。

第五章　优化城镇化空间格局

坚持以城镇群为主体形态优化城镇化布局。按照统筹规划、合理布局、以大带小、分工协作的要求，以沿海、沿江、沿交通主要干线为依托，以核心城市为支撑，以周边中小城市和小城镇为组成部分，发展集聚效率高、辐射作用大、城镇体系优、功能互补强的城镇群，形成北部湾城市群和桂中、桂北、桂东南城镇群，承载全区80%左右的城镇人口。

专栏7：广西四大城镇群分布示意图

第一节　培育发展北部湾国家级重点城市群

南宁、北海、钦州、防城港、玉林、崇左6市，是国家重点开发的地区，在广西城镇化战略格局中处于优先地位。以建设国家级重点城市群为目标，着眼参与国际分工与竞争，在基础设施、产业升级、科技进步、改革创新、生态文明等方面引领和支撑全区发展，大幅提高国际化程度和国内外竞争力，显著提升在全国城镇化战略格局中的地位和作用。以南宁为核心促进北海、钦州、防城港4市同城化，辐射带动玉林、崇左2市，重点推进通信、交通、产业、户籍、旅游、金融、教育、人力资源、社会保障、口岸通关等领域同城化建设，实现大中小城市和小城镇优势互补、错位发展，培育成为我国面向东盟开放合作的重要门户、服务西南中南地区开放发展新的战略支点核心引擎。到2020年，北部湾城市群城镇人口规模达到1000万人，成为我国城镇人口千万级的城市群。

第二节　加快发展区域性城镇群

桂中、桂北、桂东南地区，是广西人口集聚和工业化城镇化重点推进区域。充分发挥柳州、桂林、梧州核心城市的辐射带动作用，强化与周边中小城市和小城镇的分工协作，培育发展桂中、桂北、桂东南城镇群，在广西城镇化战略格局中发挥更加重要的作用。

桂中城镇群。包括柳州、来宾2市和河池市的部分市县。抓住珠江—西江经济带上升为国家战略等重大机遇，以柳州为核心，辐射带动来宾、河池（宜州）一体化发展。在严格保护生态环境前提下，加快推进结构调整和转型升级，打造工业升级版，形成工业发展新优势；健全城镇体系，完善城镇功能，推动城镇转型发展，建设成为西南地区先进制造业中心和现代服务业基地，打造珠江—西江经济带上游重要的新型城镇群。

桂北城镇群。包括桂林、贺州2市。以建设桂林国际旅游胜地为目标，着眼提升参与国际旅游合作与竞争的层次和水平，整合桂林、贺州旅游资源，完善旅游基础设施网络，推动2市交通基础设施互联互通、旅游资源共建共享、产业互补融合发展，建设成为世界一流旅游目的地、全国旅游创新发展先行区和国际交流重要平台，打造特色鲜明、富有影响的旅游城镇群。

桂东南城镇群。包括梧州、玉林、贵港3市。以珠江—西江经济带上升为国家战略为契机，加大对外开放合作力度，主动向粤港澳等先进生产力地区靠拢，积极承接产业转移，依托西江黄金水道发展特色优势产业，培育优势互补、协作配套的产业集聚带，健全布局合理、分工协作的城镇体系。以梧州为核心促进玉林、贵港一体化发展，建设成为全国承接产业转移示范区和广东广西合作发展的先行区，打造珠江—西江经济带重要的城镇群。

第三节　积极发展桂西地区特色城镇

桂西地区包括河池、百色、崇左3市，集革命老区、边疆地区、民族地区、贫困地区、大石山区和水库库区于一体，在实施主体功能区战略中承担重要的生态功能，以发展中小城市和特色小城镇为主。根据自然条件、经济基础和资源环境承载能力，统筹谋划人口分布、经济布局和城镇化格局，按照合理规划、控制数量、提高质量的要求，科学划分城镇空间、农业空间和生态空间，合理控制开发强度，以县城和条件好、潜力大的中心镇为重点，引导人口、经济向城镇地区集聚。依托矿产、能源、旅游等富集资源，在严格保护生态环境前提下，有序推进优势资源开发，发展特色优势产业。发挥沿边区位优势和区域中心城市辐射带动作用，推动形成南崇城镇带、百色右江河谷城镇带和沿边城镇带。把扶贫移民搬迁、生态移民搬迁与城镇化发展有机结合，有序稳步推进贫困地区和重点生态功能区新型城镇化进程。

第四节　强化综合交通运输网络支撑

按照快速、便捷、高效、安全、绿色的要求，构建支撑新型城镇化发展的大容量、低成本综合交通运输网络。完善综合交通运输通道和区际城市交通骨干网络，加快城镇群交通一体化规划建设，改善中小城市和小城镇对外交通。到2020年，基本实现所有设区市通高速铁路，所有县市通高速公路，二级公路覆盖重点镇，航空服务覆盖全区80%左右的人口。

实现城镇群之间互联互通。加快建设南宁、柳州、桂林、梧州综合交通主枢纽，推进形成北部湾城市群和桂中、桂北、桂东南城镇群之间的综合交通主网络，构建以铁路、高速公路为骨干，以国省干道为基础，与民航、水运和管道共同组成的纵贯南北、连接东西、沿海沿边“一纵三横”综合交通运输通道。加大对桂西地区交通建设力度，明显提升城镇化地区内外综合交通运输水平。

促进城镇群内部高效畅通。以满足同城化、一体化发展为目标，构建以轨道交通和高速公路为骨干，以国省干道、内河水运为基础，有效衔接大中小城市和小城镇的多层次快速交通运输网络。大幅提升北部湾城市群综合交通同城化水平，建成以轨道交通和高速公路为主体的快速客运和大能力货运网络；加快桂中、桂北、桂东南城镇群内主要城市之间的快速铁路、高速公路建设，逐步形成各城镇群内部 1 小时都市通勤圈。

改善中小城市和小城镇交通条件。根据城镇布局和运输需求，加强中小城市和小城镇与交通干线、交通枢纽城市的连接，加快国省干线公路升级改造，加密小城镇密集地区的高等级公路网络，实现中小城市与小城镇之间，以及相邻小城镇之间以省道便捷相连。明显提升中小城市和小城镇公路网、铁路网覆盖率，提高技术等级和通行能力，增强交通便利性。

附录三：《国务院关于进一步促进广西经济社会发展的若干意见》摘录

二、推进沿海沿江率先发展，完善区域发展总体布局

（六）充分发挥北部湾经济区引领带动作用。按照高起点、高水平、高标准的要求，加快实施广西北部湾经济区发展规划，坚持合理布局、有序开发，尽快将广西沿海打造成为西部大开发战略高地和重要的国际区域经济合作区。充分利用沿海港口优势，积极引进国内外大企业，重点发展石油化工、钢铁、林浆纸、修造船、电子信息、粮油加工、新能源等产业，培育壮大临港产业集群，加快形成临海先进制造业基地和现代物流基地。当前，要加快淘汰落后产能，积极推进企业兼并重组，进一步调整产业结构，适时建设防城港钢铁精品基地、钦州炼油二期、北海铁山港石化等重大项目。加快建设南（宁）北（海）钦（州）防（城港）一小时城市圈，加强与周边地区铁路、高速公路、航空等基础设施的对接和共建，增强城市群要素集聚作用，形成连接多区域的重要交通枢纽。鼓励在行政管理、财政、金融、投融资、土地和涉外经济等改革方面先行先试。落实鼓励类产业的税收优惠政策，开展城镇建设用地增加与农村建设用地减少挂钩试点。对已列入规划的项目，要加快核准、审批，提高行政办事效率。

（七）积极打造西江经济带产业集聚优势。桂东、桂中、桂北沿西江地区，面向珠江三角洲，背靠西南腹地，交通运输便利，工业基础较好，要进一步整合资源、集聚优势，加快形成西江经济带。要加快西江黄金水道开发，提高通航能力，形成铁路、公路、水路相互衔接、优势互补的综合交通运输体系，有效降低综合物流

成本，为产业拓展、提升、集聚提供强有力的支撑。以区域内重点城市为节点，以产业园区为载体，完善空间布局，形成分工明确、优势明显、协作配套的产业带。柳州要加大产业结构调整力度，做优做强汽车、机械、冶金、化工等产业，加快建设先进制造业基地。桂林要充分发挥旅游资源优势，打造国际旅游胜地，推进机械、汽配、橡胶、医药、特色农林产品精深加工等产业升级换代，进一步办好国家高新技术产业开发区。来宾要提升糖蔗综合加工利用水平，积极发展铝、锰深加工，培育壮大新兴资源加工型产业。梧州、玉林、贵港、贺州等地要加快与珠江三角洲地区的市场对接，改善投资环境，增强配套能力，主动承接东部产业转移，壮大产业规模，提升发展水平。抓紧研究制定西江经济带发展规划。

（八）增强资源富集的桂西地区自我发展能力。桂西地区矿产、水能、旅游等资源富集，要积极实施优势资源开发战略，大力发展特色产业，积极探索老少边山穷地区加快发展的新路子。百色重点打造全国重要的铝工业基地和红色旅游目的地，加快发展煤炭、电力、农产品加工等产业。河池重点打造有色金属、水电和生态旅游基地，加快发展特色食品、桑蚕等产业。崇左重点发展糖业和锰深加工，加快发展旅游、水泥、剑麻深加工等产业。崇左、百色要利用沿边优势，加快发展边贸物流和出口加工业。

附录四：《广西国民经济和社会发展“十二五”规划纲要》摘录

第四章　促进城镇化跨越发展

坚持走新型城镇化道路，以统筹城乡发展和扩权强县为抓手，以加快产业和人口集聚为基础，以推进工业化为支撑，以体制机制创新为动力，做大做强中心城市，培育发展辐射作用大的城市群，推进大中小城市和小城镇协调发展，形成重点突出、定位明确、功能完善、特色鲜明的城镇体系新格局，较大幅度提高城镇化水平。

第一节　加快壮大中心城市

实施中心城市带动战略，以城市产业园区建设带动城市新区发展，完善大型综合商业区布局，发展商务经济，促进产业与城市发展相融合，优化城市规划，美化人居环境，增强经济实力、文化实力、综合服务能力，发挥中心城市以工促农、以城带乡的核心带动作用。突出发展南宁、柳州超大城市和桂林特大城市，成为推动城镇化跨越发展的重要引擎。南宁市按照建设区域性国际城市的定位，加快向五象新区拓展，完善江北，提升江南，重点建设五象核心区文化城、体育城、总部基地、保税物流、金融集中区和空港新城、五合大学城，推进邕宁枢纽前期工作，加快生态水城建设，成为广西“首善之区”，力争建成区人口达到300万人左右。柳州市按照建设现代工业名城的定位，重点建设柳东新区汽车城，提升完善河西工业区，整合优化柳北工业区，推进洛维工业集中区，打造西江经济带龙头城市，力争建成区人口达到230万人左右。桂林市按照建设国际旅游名城的定位，保护开发漓江山水，保护传承历史文化遗产，重点拓展临桂新区，加快建设雁山科教园区和苏桥产业新城，打造国际旅游重要目的地，力争建成区人口达到120万人左右。做大做强其他区域性中心城市，完善新建城市基础设施，壮大产业经济，增加城市人口，扩大城市规模，完善城市功能，着力建设富有特色、独具魅力的现代化城市。

专栏9：中心城市发展
到2015年，南宁市建成区人口300万人左右，用地规模250平方公里；柳州市建成区人口230万人左右，用地规模148平方公里；桂林市建成区人口120万人左右，用地规模101平方公里；梧州市建成区人口65万人左右，用地规模70平方公里；北海市建成区人口65万人左右，用地规模125平方公里；防城港市建成区人口35万人左右，用地规模56平方公里；钦州市建成区人口60万人左右，用地规模90平方公里；贵港市建成区人口60万人左右，用地规模60平方公里；玉林市建成区人口70万人左右，用地规模80平方公里；百色市建成区人口45万人左右，用地规模41平方公里；贺州市建成区人口35万人左右，用地规模38平方公里；河池市建成区人口30万人左右，用地规模35平方公里；来宾市建成区人口40万人左右，用地规模51平方公里；崇左市建成区人口20万人左右，用地规模31平方公里。

第二节　培育发展城市群和城镇带

依托现代交通网络和区位优势，发挥中心城市辐射带动作用，集约发展县城和小城镇，优化城镇布局，完善城镇体系，加快培育形成结构有序、功能互补、整体优化、共建共享的城市群和城镇带，成为跨越发展的新增长极。以南宁为核心的北部湾城市群，是工业化城镇化优先发展区域，要加快推进基础设施建设一体化和网络化发展，加强南宁、北海、钦州、防城港四市功能互补和产业分工，推进合浦廉州湾开发，城镇化率超过55%，建成全国重点城市群。西江干流城镇化地区覆盖桂中、桂东南城镇群，是工业化城镇化重点推进区域，要加快柳州—来宾一体化发展，促进贵港—梧州、玉林—梧州、玉林—贵港、贺州—梧州经济走廊建设，建成具有区域重要影响的城镇群。依托桂林、百色、河池、崇左、贺州等中心城市的辐射带动，推进县城和重点镇发展，完善基础设施，提升产业、人口集聚能力，形成各具特色的桂北城镇群和右江河谷走廊、黔桂走廊、桂西南及桂东北城镇带。到 2015 年，力争全区新增城镇中心城区 450 平方公里，城镇化率提高到 50%。

附录五：国民经济行业分类标准

三次产业分类	《国民经济行业分类》（GB/T 4754—2011）		
	门类	大类	名称
第一产业	A		农、林、牧、渔业
		1	农业
		2	林业
		3	畜牧业
		4	渔业
第二产业	B		采矿业
		6	煤炭开采和洗选业
		7	石油和天然气开采业
		8	黑色金属矿采选业
		9	有色金属矿采选业
		10	非金属矿采选业
		12	其他采矿业
	C		制造业
		13	农副食品加工业
		14	食品制造业
		15	酒、饮料和精制茶制造业
		16	烟草制品业
		17	纺织业
		18	纺织服装、服饰业
		19	皮革、毛皮、羽毛及其制品和制鞋业
		20	木材加工和木、竹、藤、棕、草制品业
		21	家具制造业
		22	造纸和纸制品业

续表

三次产业分类	《国民经济行业分类》（GB/T 4754—2011）		
	门类	大类	名称
第二产业		23	印刷和记录媒介复制业
		24	文教、工美、体育和娱乐用品制造业
		25	石油加工、炼焦和核燃料加工业
		26	化学原料和化学制品制造业
		27	医药制造业
		28	化学纤维制造业
		29	橡胶和塑料制品业
		30	非金属矿物制品业
		31	黑色金属冶炼和压延加工业
		32	有色金属冶炼和压延加工业
		33	金属制品业
		34	通用设备制造业
		35	专用设备制造业
		36	汽车制造业
		37	铁路、船舶、航空航天和其他运输设备制造业
		38	电气机械和器材制造业
		39	计算机、通信和其他电子设备制造业
		40	仪器仪表制造业
		41	其他制造业
		42	废弃资源综合利用业
	D		电力、热力、燃气及水生产和供应业
		44	电力、热力生产和供应业
		45	燃气生产和供应业
		46	水的生产和供应业
	E		建筑业
		47	房屋建筑业
		48	土木工程建筑业
		49	建筑安装业
		50	建筑装饰和其他建筑业

续表

三次产业分类	《国民经济行业分类》（GB/T 4754—2011）		
	门类	大类	名称
第三产业（服务业）	A	5	农、林、牧、渔服务业
	B	11	开采辅助活动
	C	43	金属制品、机械和设备修理业
	F		批发和零售业
		51	批发业
		52	零售业
	G		交通运输、仓储和邮政业
		53	铁路运输业
		54	道路运输业
		55	水上运输业
		56	航空运输业
		57	管道运输业
		58	装卸搬运和运输代理业
		59	仓储业
		60	邮政业
	H		住宿和餐饮业
		61	住宿业
		62	餐饮业
	I		信息传输、软件和信息技术服务业
		63	电信、广播电视和卫星传输服务
		64	互联网和相关服务
		65	软件和信息技术服务业
	J		金融业
		66	货币金融服务
		67	资本市场服务
		68	保险业
		69	其他金融业
	K		房地产业
		70	房地产业

续表

三次产业分类	《国民经济行业分类》（GB/T 4754—2011）		
	门类	大类	名称
第三产业（服务业）	L		租赁和商务服务业
		71	租赁业
		72	商务服务业
	M		科学研究和技术服务业
		73	研究和试验发展
		74	专业技术服务业
		75	科技推广和应用服务业
	N		水利、环境和公共设施管理业
		76	水利管理业
		77	生态保护和环境治理业
		78	公共设施管理业
	O		居民服务、修理和其他服务业
		79	居民服务业
		80	机动车、电子产品和日用产品修理业
		81	其他服务业
	P		教育
		82	教育
	Q		卫生和社会工作
		83	卫生
		84	社会工作
	R		文化、体育和娱乐业
		85	新闻和出版业
		86	广播、电视、电影和影视录音制作业
		87	文化艺术业
		88	体育
		89	娱乐业
	S		公共管理、社会保障和社会组织
		90	中国共产党机关
		91	国家机构

续表

三次产业分类	《国民经济行业分类》（GB/T 4754—2011）		
	门类	大类	名称
第三产业（服务业）		92	人民政协、民主党派
		93	社会保障
		94	群众团体、社会团体和其他成员组织
		95	基层群众自治组织
	T		国际组织
		96	国际组织

附录六：广西壮族自治区中长期教育改革和发展规划纲要（2010～2020年）（节选）

第八章　全力振兴高等教育

（二十三）加强高等学校分类指导。构建高等学校分类指导服务体系，引导高校合理定位，克服同质化倾向，分层次、分类别加快发展，鼓励在不同领域、不同层次办出特色，争创一流，促进高等学校特色办学、错位竞争、共同发展。继续实施广西大学“211工程”，重点支持服务大产业和新兴产业的学科。围绕自治区重大战略需求，建设一批高水平优势特色学科、重点实验室和科研创新平台。着力培养和引进国家杰出青年基金获得者、长江学者、中国工程院院士、中国科学院院士等高端人才，培养造就、聚集一批在国内有较高知名度的教学名师和学科领军人才。鼓励高等学校参与国际学术合作组织、国际科学计划，与境外高水平教育、科研机构建立联合研发基地。集中优势资源，充分发挥政府、学校、企业及社会各方面的积极性，加强高水平学科专业建设，支持若干所高校向高水平迈进，成为具有区域特色的高水平大学。

（二十四）提高人才培养质量。牢固确立人才培养在高校工作中的中心地位，把提高人才培养质量放在更加突出的位置，科学构建课程体系，优化课程内容，强化实践教学环节，促进理论和实践有机衔接，实施专业、课程与教材一体化建设。

建立高校与科研院所、行业、企业联合培养人才的新机制。全面实施高等学校教学质量和教学改革工程，对接国家层面的高等教育改革发展重点工程，建设一批自治区级和国家级的特色专业、精品课程、实验教学示范中心和实训基地。探索高校优质教学资源共享，实行弹性学制，推进和完善学分制。加强通识教育，促进文理交融。健全教学质量保障体系，严格教学管理，改进教学评估，逐步建立社会评估机制。加强就业创业教育和就业指导服务。

加强拔尖创新人才培养。创新研究生培养模式，加强研究生创新教育。加强研究生导师队伍建设，建立以科学与工程技术研究为主导的导师责任制和导师项目资助制，推行产学研联合培养研究生的“双导师制”。建立一批资源共享、优势互补、产学研用相结合的研究生联合培养基地。

加强应用型人才培养。实施卓越人才培养计划，探索完善应用型人才培养模式，促进学校与企业、理论教学与实训实习、创新教育与基本知识以及技能教育的有机结合，努力培养我区千亿元大产业和战略性新兴产业发展急需的应用型人才。

（二十五）扩大规模优化结构。强化和完善高校基础设施建设，扩展高等学校办学空间，改善办学条件，积极争取各方支持，拓宽招生渠道，适度扩大高等教育招生规模。根据区域经济社会发展和产业结构调整，优化高等学校布局结构。加快发展博士研究生和专业学位研究生教育，大力加强高校博士学位授权单位、授权点和专业学位授权点建设，争取博士学位授权单位达到 6 个左右，一级学科博士授权点达到 25 个左右。优化高等教育层次结构。重点发展支撑经济发展方式转变、新兴产业发展的学科专业，促进多学科交叉和融合，扩大应用型、复合型、技能型人才和紧缺人才的培养规模，优化学科专业、类型及层次结构。

积极参与实施国家中西部高等教育振兴计划，争取“985 工程”高校、“211 工程”高校和东部重点高校以及国家示范性高职院校对广西高校的对口支援。继续推进区内高校对口支援。加强少数民族预科教育基地建设。支持民族高等院校改善办学条件，加强特色优势学科建设。对少数民族学生就读高等学校给予特殊照顾，加大少数民族高层次人才培养力度。

（二十六）增强科学研究和社会服务能力。围绕广西优先发展、重点发展的产业，加强基础研究，突出应用研究。构建高校服务千亿元产业、战略性新兴产业和科技支撑体系。围绕提升自主创新能力和服务地方的需要，大力推进重点实验室、工程（技术）研究中心、博士后科研流动站等科研创新平台建设。鼓励、支持高校与地方政府、行业企业共建实验室、工程中心、研发中心等研发平台，建设一批集研究开发、中试生产、企业孵化和人才培养于一体的高水平产学研用相结合的产业技术创新组织。推进大学科技园建设，不断提高科技成果的转化率和应用效果。以重大项目为导向，以优势特色学科为支撑，汇聚、培育拔尖人才，打造一批跨学科、跨领域的科研教学相结合的高水平创新团队。加强社会科学研究，积极实施马克思主义理论研究和建设工程、高等学校哲学社会科学繁荣计划。完善科技评价体系，探索建立以创新和质量为导向、以重大学术价值和经济社会效益为主要评价指标的科研评价机制。

推动高校与地方、企业合作开展科技创新、科技服务、科技培训活动。搭建服务区域经济发展的科技活动平台。鼓励高校及教师主动开展重大经济社会问题对策性研究，积极参与地方、企业的决策咨询。鼓励高校参与科学普及工作、文化传播工作、民族非物质文化遗产挖掘保护工作。

参 考 文 献

[1] 中华人民共和国教育部. 2013年全国教育事业发展统计公报 [EB/OL]. http://www.moe.edu.cn/publicfiles/business/htmlfiles/moe/moe_633/201407/171144.html.

[2] 谢作栩. 中国高等教育大众化发展道路的研究 [M]. 福州: 福建教育出版社. 2001.

[3] 费孝通. 论人类学与文化自觉 [M]. 北京: 华夏出版社. 2004.

[4] 王洪才. 论大众高等教育的价值观 [J]. 教育研究, 2002, (6): 77-79.

[5] 王洪才. 论高等教育大众化发展的四个时期 [J]. 北京大学教育评论, 2004, (3): 108-112.

[6] 朱怡青. 学校内涵式发展的阶段及策略 [J]. 江汉大学学报, 2005, (4): 98-100.

[7] 刘可钦. 创建研究型学校走内涵式发展之路 [J]. 北京教育 (普教版), 2003, (5): 38-39.

[8] 孙志明. 论研究生教育的规模扩张与内涵式发展 [J]. 国际关系学院学报, 2003, (5): 54-60.

[9] 孙睿. 关于中国高职高专院校内涵式发展的思考 [J]. 河南社会科学, 2003, (4): 116-117.

[10] 路光远. 内涵式发展: 薄弱学校更新之路 [J]. 全球教育展望, 2005, (4): 9-12.

[11] 万普海, 于果, 杨名权, 何卫兵, 陈冬英. 民办教育如

何走内涵式发展之路 [J]. 江西教育, 2004, (4): 9-12.

[12] 黄兰宁. 整体构想理性设计——“双语学校”的内涵式发展之路 [J]. 现代教学, 2005, (4): 22-23.

[13] 费玉林. 推进基础教育内涵式发展的五个关系 [J]. 人民教育, 2004, (24): 16-17.

[14] 邓思贤. 建设示范性高中必须走内涵式发展的道路 [J]. 广西教育, 2002, (23): 9.

[15] 吕幼夫. 关于学校内涵式发展的思考 [J]. 教育发展研究, 2005, (5) 83-84.

[16] 江国强. 特色专业建设: 内涵式发展之路 [J]. 教育发展研究, 2000, (2): 49-51.

[17] 陈家颐. 深化课程改革推进高职内涵式发展 [J]. 中国高等教育, 2007, (20): 50-51.

[18] 张凯. 试论一流大学的内涵式发展与人才培养 [J]. 中国高教研究, 2005, (9): 26-27.

[19] 薛天祥. 高等教育学 [M]. 南宁: 广西师范大学出版社. 2005.

[20] 张应强. 高等教育现代化的反思与建构 [M]. 哈尔滨: 黑龙江教育出版社. 2000.

[21] 梁宏. 地方师范大学坚持内涵与外延发展相统一的探索 [J]. 中国高等教育, 2007, (23): 51-53.

[22] 易自力, 卢向阳. 谈教学与科研协调发展的基层学术组织建设 [J]. 中国高等教育, 2008, (23): 17-19.

[23] 解根法, 柴达. 内涵式发展: 新建地方本科院校工作重心的战略转移 [J]. 中国高等教育, 2008, (Z1): 63-65.

[24] 张政文. 探索提高质量为核心的地方综合性高等教育内涵式发展模式 [J]. 中国高等教育, 2008, (8): 20-22.

[25] 刘克勤. 地方高校内涵式发展导向因素探讨 [J]. 中国成人教育, 2008, (17): 7-8.

[26] 黄遵斌. 大学文化视野中的高等教育内涵式发展本质探析 [J]. 河南理工大学学报（社会科学版），2009，(3)：524 - 527.

[27] 韩超英. 对大学生文化需求与价值取向的研究 [J]. 中国校外教育，2009，(S1)：182.

[28] 孙江文. 科研文化建设与高等教育内涵式发展——以山东科技大学为例 [J]. 科技信息，2010，(29)：459 - 460.

[29] 周先雁. 加强和谐大学文化建设推动高等教育内涵式发展 [J]. 湖南社会科学，2010，(6)：135 - 137.

[30] 王华，刘淑梅. 教育观念与地方教学型高等教育内涵式发展 [J]. 中国成人教育，2009，(22)：11 - 12.

[31] 汪治国. 一流大学的大学文化培育与建设探考 [J]. 西安文理学院学报（社会科学版），2011，(5)：120 - 122.

[32] 熊芳. 大学文化与高等教育内涵式发展研究——以中南林业科技大学为例 [J]. 中南林业科技大学学报（社会科学版），2011，(2)：34 - 36.

[33] 李建华. 谈地方大学的内涵式发展 [J]. 中国高等教育，2012，(11)：60 - 63 + 2.

[34] 赵竹村. 浅析高等教育内涵式发展的实现途径 [J]. 发展，2012，(2)：106 - 108.

[35] 薛绯，金涵. 大学内涵式发展下学科建设内容及措施研究 [J]. 中南林业科技大学学报（社会科学版），2011，(6)：118 - 120.

[36] 周玲. 研究型大学内涵建设中的组织文化冲突 [J]. 复旦教育论坛，2007，(6)：40 - 44.

[37] 赵生吉，高国礼. 高校内涵式发展面临的问题及对策 [J]. 发展，2008，(11)：127 - 128.

[38] 胡耀宗. 资源约束条件下的地方高等教育内涵式发展论析 [J]. 济南大学学报（社会科学版），2009，(5)：57 - 60.

[39] 薛东前，姚士谋，李波. 中国省会城市职能类型的分离

与职能优化配置［J］. 地理科学进展，2000，(2)：150－154.

［40］陈忠暖，张明举，何劲耘. 试析西部城市的职能分类［J］. 西南师范大学学报（自然科学版），2002，(2)：250－254.

［41］徐晓霞. 河南省城市职能结构的有序推进［J］. 地域研究与开发，2003，(3)：31－35.

［42］田光进，贾淑英. 中国城市职能结构的特征研究［J］. 人文地理，2004，(4)：59－63.

［43］徐正元. 中国城市体系演变的历史剖析［J］. 中国经济史研究，2004，(3)：39－47.

［44］郭文炯，张复明. 城市职能体系研究的思路与方法——以太原市为例［J］. 地域研究与开发，2004，(4)：56－59.

［45］张茜凤. 基于纳尔逊分类法与城市经济基础研究方法的城市职能分析［A］. 中国地理学会、兰州大学、中国科学院寒区旱区环境与工程研究所、西北师范大学、中国科学院地理与资源研究所. 中国地理学会2006年学术年会论文摘要集［C］. 中国地理学会、兰州大学、中国科学院寒区旱区环境与工程研究所、西北师范大学、中国科学院地理与资源研究所，2006：2.

［46］张锦宗，朱瑜馨，马爱峰. 山东省城市职能分类探讨［A］. 中国可持续发展研究会. 2006年中国可持续发展论坛——中国可持续发展研究会2006学术年会区域可持续发展的创新模式专辑［C］. 中国可持续发展研究会，2006：5.

［47］季小妹，陈忠暖. 中国中部地区城市职能结构和类型的变动研究［J］. 华南师范大学学报（自然科学版），2006，(4)：128－136.

［48］王士君，宋飏. 中国东北地区城市地理基本框架［J］. 地理学报，2006，(6)：574－584.

［49］边美婷，马晓冬，赵洁，车前进. 徐州都市圈城市体系结构分析［J］. 城市问题，2008，(8)：40－45.

［50］毛蒋兴，欧阳东，严志强，陈玲. 基于多元统计分析的

城市职能结构特征与分类研究——以广西为例 [J]. 规划师, 2008, (2): 75-80.

[51] 许锋, 周一星. 中国城市职能结构变化的动态特征及趋势 [J]. 城市发展研究, 2008, (6): 49-55.

[52] 曾鹏, 罗艳. 中国十大城市群城市职能结构特征比较研究 [J]. 中国科技论坛, 2013, (2): 103-107+114.

[53] 岳文泽, 徐建华, 颉耀文. 甘肃城镇体系结构及其分形模型研究 [J]. 地域研究与开发, 2004, (1): 16-20.

[54] 邢海虹, 刘科伟. 基于分形理论对陕西城市体系等级规模分布研究 [J]. 陕西理工学院学报 (自然科学版), 2007, (2): 82-86.

[55] 曾鹏, 张显春, 阙菲菲. 海峡西岸经济区城市体系结构优化战略研究 [J]. 亚太经济, 2010, (1): 111-115.

[56] 段汉明, 张刚. 西安城市地域空间结构发展框架和发展机制 [J]. 地理研究, 2002, (5): 627-634.

[57] 邢海峰, 柴彦威. 大城市边缘新兴城区地域空间结构的形成与演化趋势——以天津滨海新区为例 [J]. 地域研究与开发, 2003, (2): 21-25.

[58] 龙韬, 柴彦威, 忻俊, 马玫. 新型城市化地区居民城市公共空间认知与利用研究——以天津经济技术开发区为例 [J]. 人文地理, 2008, (4): 17-22.

[59] 李恕宏. 基于行政区划调整的合肥—芜湖双核空间整合 [J]. 地理研究, 2012, (10): 1895-1904.

[60] 乔万敏, 邢亮. 论大学内涵式发展 [J]. 教育研究, 2009, (11): 97-100.

[61] 王洪才. 论高等教育内涵式发展 [J]. 教育发展研究, 2006, (13): 14-17.

[62] 潘懋元. 中国高等教育百年 [M]. 广州: 广东高等教育出版社, 2003.

［63］陆有铨．躁动的百年——20世纪的教育历程［M］．济南：山东教育出版社，1997.

［64］曹飞．论高等教育大众化发展进程中的问题及策略［J］．黑龙江高教研究，2013，(1)：32－35.

［65］王德峰．通识教育与中国大学的文化自觉［N］．文汇报，2009－01－10（7）.

［66］刘宝存．何谓大学精神［J］．高教探索，2001，（3）：13－15.

［67］罗素，马元德译．西方哲学史［M］．北京：商务印书馆，2005.

［68］项贤明．比较教育学的文化逻辑［M］．哈尔滨：黑龙江教育出版社，2000.

［69］利奥塔．现代性与公正游戏——利奥塔访谈、书信录［M］．上海：上海人民出版社，1997.

［70］刘玉良．大学的精神［M］．北京：中国友谊出版公司，2004.

［71］王啸．全球化与中国教育［M］．成都：四川人民出版社，2002.

［72］傅笑然．“高等教育内涵式发展”概念的解读与审理［D］．山东师范大学，2009.

［73］张侃．转型期我国高等教育资源配置制度的变迁［J］．当代教育科学，2013，(11)：25－27＋38.

［74］刘超，李越．梅贻琦与清华之崛起［J］．清华大学学报（哲学社会科学版)，2012，(6)：98－113＋158.

［75］瞿振元．高等教育内涵式发展的实现途径［J］．中国高等教育，2013，(2)：12－13＋21.

［76］纪宝成．我国高等教育大众化进程中的挑战与对策［J］．高等教育研究，2006，(7)：1－10.

［77］王荣德．从诺贝尔科学奖看创造性人才的培养与管理

[J]. 科研管理, 2007, (1): 125 - 131.

[78] 俞立中. 关于高校教师队伍建设的若干思考 [J]. 中国高校师资研究, 2009, (1): 17 - 22.

[79] 范旭, 李佳晋. 卡文迪许实验室的协同创新实践及其对我国高校的启示 [J]. 科技管理研究, 2014, (20): 79 - 83 + 93.

[80] 虞昊, 黄延复. 中国科技的基石: 叶企孙和科学大师们 [M]. 上海: 复旦大学出版社, 2008.

[81] 陈丙义. 新建本科高校应用型人才培养模式的构建与内涵提升 [J]. 社会科学家, 2013, (3): 114 - 117.

[82] 张晓鹏. 美国大学创新人才培养模式探析 [J]. 中国大学教学, 2006, (3): 7 - 11.

[83] 盛冰. 推行弹性学习制度: 高等教育改革的必然选择 [J]. 外国教育研究, 2004, (4): 36 - 40.

[84] 戴晓娥. 教师现代教育技术能力培训体系及课程构建的研究 [J]. 中国教育信息化, 2012, (10): 85 - 87.

[85] 中国网. 国家中长期教育改革和发展规划纲要 (2010 ~ 2020 年) 全文 [EB/OL]. http: //www. china. com. cn/policy/txt/2010 - 03/01/content_19492625_4. htm, 2010 - 03 - 01.

[86] 乔万敏, 邢亮. 论大学内涵式发展 [J]. 教育研究, 2009, (11): 99.

[87] 周先雁. 坚持走内涵式发展之路　努力创建高水平特色大学 [J]. 中国高等教育, 2011, (12): 29 - 31.

[88] 孙先民. 新建本科院校办学特色的内涵与创建探究 [J]. 黑龙江高教研究, 2010, (10): 19 - 21.

[89] 马赛, 郝智秀. 学分制在哈佛大学创立和发展的历史轨迹——兼论美国学分制产生和发展的社会背景 [J]. 高教探索, 2009, (1): 70 - 75.

[90] 杜智萍. 牛津大学现代导师制之历史探析 [J]. 教育评论, 2011, (2): 151 - 154.

[91] 吴惠凡．新中国文科高等教育的“工作母机”——20世纪五六十年代中国人民大学的办学探索与贡献［J］. 中国人民大学学报，2012，(6)：140－145.

[92] 李红玉．以基地为依托　紧扣地域特色　促进教学科研工作的全面发展——兰州大学“生物学基础科学研究和教学人才培养基地”“九五”建设成就回顾［J］. 高等理科教育，2002，(3)：12－16.

[93] 张大良．《国家中长期教育改革和发展规划纲要》工作小组办公室在教育部北楼二层报告厅举行新闻发布会. 2010. 3. 2.

[94] 汪漻．围绕国家和地区发展需要突出自身办学特色——新建地方高校的发展之路［J］. 国家教育行政学院学报，2007，(1)：37－38＋33.

[95] 刘春惠．大学办学特色：内涵与影响因素——兼论北京邮电大学的办学特色［J］. 北京邮电大学学报（社会科学版），2005，(4)：64－67＋92.

[96] 张陈，崔延强．现代大学的基本功能［N］. 人民日报，2010－12－31007.

[97] 吴中平．高校办学特色的内涵及构建研究［J］. 中国高教研究，2009，(9)：65－66.

[98] 叶澜．试论当代中国学校文化建设［J］. 教育发展研究，2006，(15)：1－10.

[99] 姚士谋．中国的城市体系［M］. 北京：中国科学技术出版社，1992，2.

[100] 顾朝林．中国城镇体系——历史. 现状. 展望［M］. 北京：商务印书馆，1992（1996年重印）.

[101] 叶禹赞．城市化与城市体系［M］. 北京：科学出版社，1994.

[102] 许学强，周一星，宁越敏．城市地理学［M］. 北京：高等教育出版社，1997（1999年重印）.

[103] 宋俊岭．中国城镇化知识15讲［M］．北京：中国城市出版社，2001.

[104] 徐元正．中国城市体系研究［J］．城市经济，2000，(1)：5-14.

[105] 饶会林．城市经济学［M］．大连：东北财经大学出版社，1999.

[106] 姚士谋．城市地理学发展动态［J］．地理科学，1991，11（1)：60-66.

[107] 曹艺民．试论区域城镇体系结构规划的主要内容［J］．城市规划，1989，(1)：54-57.

[108] 宋家泰，顾朝林．城镇体系规划的理论与方法初探［J］．地理学报，1988，(2)：97-107.

[109] Albert O. Hirschman. The Strategy of Economic Development [M]. Yale University Press，1958.

[110] 赫希曼．经济发展战略［M］．曹征海，潘照东．北京：经济科学出版社，1991.

[111] François Perroux. Regional Economic Development：essays in Honour of François Perroux [M]. Unwin Hyman，1988.

[112] 李鹤虎，段万春．梯度推移理论创新——虹吸理论［J］．经济问题探索，2010，(11)：55-61.

[113] 伍新木，高鑫．区域经济发展“双倒U型假说”——对倒U型理论的完善与发展［J］．理论月刊，2006，(4)：63-66.

[114] 田娜．基于倒U型理论的城市化演进与经济增长实证研究［J］．商业时代，2014，(34)：63-64.

[115] Sir Ebenezer Howard. Garden Cities of Tomorrow [M]. Faber & Faber ltd，1898.

[116] Mervyn Miller. Raymond Unwin：Garden Cities and Town Planning [M]. Leicester University Press，1992.

[117] 克里斯塔勒．德国南部中心地原理［M］．北京：商务

印书馆，1998.

［118］韦伯．工业区位论［M］．李刚剑译．北京：商务印书馆，1997.

［119］李习凡，胡小武．城乡一体化的“圈层结构”与“梯度发展”模式研究——以江苏省为例［J］．南京社会科学，2010，(9)：70－75＋91.

［120］肖清宇．圈层式空间结构理论发展综述［J］．人文地理，1991，(2)：66－70.

［121］闫卫阳，王发曾，秦耀辰．城市空间相互作用理论模型的演进与机理［J］．地理科学进展，2009，(4)：511－518.

［122］谭传凤，李祥妹．试论区域经济空间相互作用的微观机制［J］．地理研究，2001，(3)：315－321.

［123］陈忠暖，甘巧林．华南沿海4省区城市职能分类探析［J］．热带地理，2001，(4)：291－294.

［124］曾鹏，罗艳．中国十大城市群城市职能结构特征比较研究［J］．中国科技论坛，2013，(2)：103－107＋114.

［125］广西壮族自治区发展和改革委员会，广西壮族自治区人力资源和社会保障厅．广西壮族自治区人才发展“十二五”规划［EB/OL］. http：//www. gxhrss. gov. cn/26/2012_10_24/26_14398_1351061709640. html

［126］广西壮族自治区发展和改革委员会，广西壮族自治区人力资源和社会保障厅．广西壮族自治区人才发展“十二五”规划［EB/OL］. http：//www. gxhrss. gov. cn/26/2012_10_24/26_14398_1351061709640. html

［127］新华网．广西公布2014年教育工作十大亮点［EB/OL］. http：//www. gx. xinhuanet. com/newscenter/2015－01/08/c_1113921321. htm，2015－01－08.

［128］中华人民共和国教育部．2013年全国教育事业发展统计公报［EB/OL］. http：//www. moe. edu. cn/publicfiles/business/htmlfiles/moe/moe_633/201407/171144. html

[129] 国家统计局. 中国统计年鉴2014 [M]. 中国统计出版社, 北京: 中国城市出版社, 2014.

[130] 楼世洲. 学校内涵式发展评价准则的构建 [J]. 教育科学, 2009, 25 (1): 10 - 13.

[131] 彭清华. 在全区教育发展大会上的讲话 [N]. 广西日报, 2014 - 1 - 21 (6).

[132] 李元元. 持续抓好学科建设 不断推进高校内涵式发展 [J]. 中国高等教育, 2013, (19): 3 - 4 + 8.

[133] 九三学社广西区委会. 关于加强高校学科建设 适应广西经济发展对人才需求的建议 [EB/OL]. http: //www. gx93. gov. cn/newsview - 356. aspx

[134] 朱怡青. 学校内涵式发展的阶段及其发展策略 [J]. 当代教育论坛 (校长教育研究), 2007, (8): 13 - 14.

[135] 陈昌贵. 高等学校内涵式发展的四大策略 [J]. 教育发展研究, 2006, (13): 11 - 13 + 10.

[136] 弓志刚, 郭泽光. 论高等学校的内涵式发展与策略选择 [J]. 中国高等教育, 2010, (21): 37 - 38.

后　记

高等教育内涵式发展已经受到了越来越多的关注，也成为党的十八大高度关注的教育改革领域。多年来，我们从事城市体系和城市经济研究，我们发现城市体系是高等教育内涵式发展的载体，而高等教育内涵式发展对于城市体系的发展也有明显的推动作用。

于是，我们对高等教育内涵式发展与城市体系进行了思考，我们发现地方高等教育与城市体系职能结构存在良性互动关系。一年来，我们边工作边思考边写作，收集了大量广西高等教育内涵式发展与城市体系职能结构的相关资料。在写作的过程中，我们也经常对书稿进行讨论，不断对书稿的结构、语言等进行完善，在不断的探索过程中，我们不仅在研究视野和研究能力上有新的突破，对于我们的人生态度也是一种磨炼。

书稿甫成，首先应该感谢前人对于城市体系职能结构和高等教育内涵发展的研究，正是他们的研究引起了我们的思考，并帮助我们最终完成书稿。由于篇幅和时间的关系，我们在此未能一一列出参考的著作和论文，为此我们对所有提供帮助和支持的作者表示歉意。

最后还想说的是，受限于我们自身的理论水平，本书虽然对广西地方高等教育内涵式发展和城市体系职能结构进行了研究，但是也难免存在粗糙错误之处。特别是选择了广西本科层次高等学校作为研究样本探讨地方高等教育内涵式发展与城市体系职能结构的良性互动可能在代表性上存在不足。在此，敬请各位专家、读者批评指正。

作者

2015 年 3 月